Bibliografische Information der Deutschen Nationalbibliothek:

Die Deutsche Bibliothek verzeichnet diese Publikation in der Deutschen National-
bibliografie; detaillierte bibliografische Daten sind im Internet über http://dnb.d-
nb.de/ abrufbar.

Impressum:

Copyright © 2014 GRIN Verlag, Open Publishing GmbH
Druck und Bindung: Books on Demand GmbH, Norderstedt Germany
ISBN: 9783668181595

Dieses Buch bei GRIN:

http://www.grin.com/de/e-book/319047/geld-oder-leben-ironisierende-und-morali-
sierende-bearbeitungen-des-timon-stoffes

Jessica Ammer

Geld oder Leben? Ironisierende und moralisierende Bearbeitungen des Timon-Stoffes durch Lukian und Jakob Gretser im Vergleich

GRIN Verlag

GRIN - Your knowledge has value

Der GRIN Verlag publiziert seit 1998 wissenschaftliche Arbeiten von Studenten, Hochschullehrern und anderen Akademikern als eBook und gedrucktes Buch. Die Verlagswebsite www.grin.com ist die ideale Plattform zur Veröffentlichung von Hausarbeiten, Abschlussarbeiten, wissenschaftlichen Aufsätzen, Dissertationen und Fachbüchern.

Besuchen Sie uns im Internet:

http://www.grin.com/

http://www.facebook.com/grincom

http://www.twitter.com/grin_com

Inhaltsverzeichnis

1 Einleitung

Die Kategorien „Reichtum" und „Armut" ziehen sich – soweit zu sehen ist – durch die gesamte Menschheitsgeschichte, sie sind materiell oder immateriell gemeint und beziehen sich auf ein Mehr oder Weniger an äußerlichem Gut - von den „Habseligkeiten"[1] bis zu extremem „Wohlstand" - sowie auf körperliche und geistige, kulturelle und soziale Umstände, die ein menschliches Leben „ärmer" oder „reicher" werden lassen. Auch die innere Haltung zum eigenen Leben macht den Menschen in dieser Hinsicht aus, mithin der jeweilige Grad an Zufriedenheit mit den Gegebenheiten.

Reichtum und Armut erscheinen in der Antike als soziale Gegebenheiten, die – wenn schon nicht zu verändern – doch immerhin Themen zeitgenössischer künstlerischer Auseinandersetzung sind. 2011 fand im Landesmuseum Trier eine Kunstausstellung zum Thema „Armut in der Antike" statt. Ein Einführungstext verweist darauf, dass Armut „in der griechischen und römischen Antike immer als selbstverschuldet und … weitestgehend negativ besetzt" gegolten habe: „Wenn Arme überhaupt in der bildenden Kunst gezeigt wurden, dann nicht aus neuzeitlichen Perspektiven heraus, wie Nächstenliebe, Mitleid oder sozialem Aufbegehren, sondern sie dienten als Belustigung und Kontrast zur bürgerlichen Welt"[2]. Allerdings muss hier gesagt werden, dass die Timonlegende (von den etwa zwischen 430 und 424 v. Chr. liegenden historischen Anspielungen her[3] wird der Dialog auf das Jahr 429 datiert[4]) die Gestalt *zunächst* nur als den „Prototyp des Menschenfeindes"[5] [μισάνθρωπος] sieht und weniger unter dem späteren, sich erst bei Lukian herausbildenden Aspekt des „armgewordenen Biedermann(s)", der bei der Arbeit auf einem Acker einen Schatz findet[6].

So gewinnt der hier zu behandelnde Timon-Stoff in der Gegenüberstellung Lukians und Jakob Gretsers eine zusätzliche und höchst interessante Dimension. Denn Timon *war* (Lukian) bzw. *ist* (Gretser) jeweils zu Anfang der Handlungen *reich*, ohne dass die Herkunft dieses Reichtums in irgendeiner Weise thematisiert würde; bei Lukian erfährt man über Plutos immerhin, er sei „schon vom Vater her ein Freund des Hauses"[7] gewesen; Timon wäre danach als ein reicher Erbe zu sehen. Die Gründe für die Verarmung liegen dann allerdings deutlicher auf der Hand,

---

[1] 2004 haben Sprachexperten den Begriff „Habseligkeiten" zum schönsten deutschen Wort gekürt. „Lexikalisch verbinde das Wort zwei Bereiche des Lebens: den irdischen Besitz und das im irdischen Leben unerreichbare Seligkeit. Diese Spannung bringe den Leser des Wortes dazu, dem Besitzer der ‚Habseligkeiten' positive Gefühle entgegenzubringen. Die Liebe zu den kleinen, wertlosen Dingen werde als ‚Voraussetzung zum Glück' aufgefasst." Aus der Begründung der Jury; Quelle: Spiegel Online (siehe Literaturverzeichnis).
[2] Webseite des Landesmuseums Trier (siehe Literaturverzeichnis).
[3] Josef Mesk: Lukian Timon. In: Rheinisches Museum für Philologie, Bd. 70, Köln 1915, S.109. Siehe hier auch die Anspielung des Demeas auf den Brand einer Burg sowie den Einbruch in die Schatzkammer.
[4] vgl. auch Franz Bertram (Diss.): Die Timonlegende, eine Entwicklungsgeschichte des Misanthropentypus in der antiken Literatur. Heidelberg 1906, S.65 (s. dort Anm.1).
[5] ebd., S.1.
[6] vgl. ebd., S.66-67.
[7] [...] πατρῷον αὐτῷ φίλον ὄντα, ΤΙΜΩΝ Η ΜΙΣΑΝΘΡΩΠΟΣ, 12, Luciani Opera I, Libelli 1-25, Oxford 1972. Hier und bei allen folgenden griechischen bzw. lateinischen Zitaten liegen meine eigenen Übersetzungen der altgriechischen und lateinischen Texte zugrunde. Die Übersetzungen dienen der besseren Lesbarkeit und sind nicht eigentlicher Bestandteil der Arbeit.

ebenso klar ist der Wiedergewinn des Reichtums durch den Fund des Schatzes, der jedoch per se kein in wirtschaftlichem Handeln erworbener Reichtum (mehr) ist, sondern als Gabe aus göttlicher Willkür an einen Lottogewinn erinnert, der in den Händen eines nicht ökonomisch denkenden Menschen (erneut) zum flüchtigen Gut werden würde[8]. Den wiedergewonnenen Reichtum will und kann Timon jedenfalls nicht vor seinen Mitmenschen verbergen[9], er will ihn aber genauso wenig nochmals mit ihnen teilen, sodass er – um ihn diesmal für sich selbst zu „retten", zum Misanthropen werden muss, um nicht erneut in die eigene Gutmütigkeitsfalle zu geraten.

Jakob Gretser hat sich im Alter von etwa 22 Jahren am jesuitischen Scholastikat in Fribourg / Schweiz des Stoffes angenommen, wobei er sich ausdrücklich auf Lukian bezieht[10]. Die griechische Prosa wird dabei in eine lateinische Versdichtung überführt; die formalen und inhaltlichen Überschneidungen und Differenzen sollen hier an Beispielen untersucht, interpretiert und gewertet werden.

2 Der Timon-Stoff von der Antike bis zur Gegenwart – ein Überblick

Ob der „Menschenhasser" Timon als historisch greifbare Person je gelebt hat, ist umstritten, seine „Legende"[11] hat sich jedoch so entwickelt und gehalten, dass eine Vielfalt künstlerischer Adaptionen des Stoffes vorliegt, von denen Lukians und Gretsers, nicht zuletzt Shakespeares[12] sowie Henry Purcells Oper zu den bedeutenderen gehören mögen. Zwei Zeugnisse zur Figur Timons finden sich in den Schriften Plutarchs (46-125), einmal in der Biographie des Alkibiades, zum anderen in derjenigen des Marcus Antonius:

> „Als aber Timon den heiteren und von der Menge begleiteten Alkibiades, der augenscheinlich von einer Volksversammlung kam, nicht mied und nicht an ihm vorbeiging, wie er es sonst bei den anderen machte, sondern ihm freundlich entgegenging und ihm die Hand reichte, sagte er: ‚Du tust gut daran, mein Sohn, mächtig zu werden, denn du wirst allen diesen zum Unglück mächtig.'"[13]

> „Timon war ein Athener und lebte größtenteils um die Zeit des Peloponnesischen Krieges[14], wie aus den Schauspielen des Aristophanes' und Platons zu entnehmen ist, in denen er oft als übler Menschenfeind verspottet wird. Er vermied und verschmähte jeglichen Umgang [mit jedem], nur den Alkibiades [...] mochte und küsste er [...] er sagte, er liebe den jungen Mann, weil es offensichtlich sei, dass er noch viel Schlechtes für die Athener bedeuten werde."[15]

---

[8] Aus einem Bericht von Verena Töpper, Quelle: Spiegel Online (siehe Lit.eraturverzeichnis). Ein Berater der Lottogesellschaft besucht Menschen, die einen hohen Gewinn gemacht haben, um ihnen einen möglichst sinnvollen Umgang mit dem Geld nahe zu legen. Am Anfang freue sich jeder mit, aber das schlage schnell in Neid und Missgunst um. Hämische Kommentare, flehende Bettelbriefe, aufdringliche Anlageberater [...] wer in Ruhe weiterleben wolle, müsse seinen Gewinn geheim halten.

[9] Timon: „[...] Außerdem aber würde es ich sehr schätzen, wenn es allen bekannt gemacht werden würde, dass ich wieder sehr reich geworden bin, denn dies wäre für sie ein Schlag ins Gesicht. Freilich wozu dies? Welch Schnelligkeit! Von allen Seiten laufen sie zusammen, mit Staub bedeckt und außer Atem, ich weiß nicht, woher sie das Gold witterten[...]" Lucian a.a.O., 45.

[10] vgl. Sonja Fielitz: Jakob Gretser, Timon, Comoedia Imitata ... (1584): Erstausgabe von Gretsers Timon-Drama. Mit Übersetzung und einer Erörterung von dessen Stellung zu Shakespeares Timon of Athens. München 1994, S.87-89.

[11] Bertram, a.a.O.

[12] Die Diskussion um die Autorschaft der unter dem Namen Shakespeares verfassten Werke möchte ich hier nicht weiter einbeziehen, J.A.

[13] Plutarch: ΑΛΚΙΒΑΔΗΣ, 16.6. In: Plutarchi vitae parallelae, ed. K. Ziegler: Vol. I,2 Leipzig 1994.

[14] Peloponnesischer Krieg von 431 – 404 v.Chr.

[15] Plutarch: ΑΝΤΩΝΙΟΣ, 70.1. In: Plutarchi vitae parallelae, ed. K. Ziegler: Vol. III,1 Leipzig 1971.

Der Menschenhass als solcher, die Absonderung von der Menschheit stehen im Mittelpunkt, und nach Timons Beispiel hat sich auch Antonius nach seiner Niederlage bei Actium „von aller menschlichen Gesellschaft entfernt […], er finde an Timons Lebensart Gefallen, denn [auch] er habe von seinen Freunden nichts als Treulosigkeit und Undank erfahren und hege deswegen gegen alle Menschen Misstrauen und Widerwillen."[16]

Der Typus des Misanthropen ist in Timon so stark ausgeprägt, dass Franz Bertram ihn durch seine Flucht in die Einsamkeit nicht nur buchstäblich vor „den Augen der Welt entrückt"[17], sondern als gleichsam mystifiziert sieht:

> „Das Leben Timons war die leibhaftige Verkörperung eines unergründlich großen Menschenhasses […]. Ein solch' gewaltiger Hass konnte aber den Athenern nicht mehr menschlich erscheinen. Er war so außergewöhnlich, dass auch Timon selber in eine etwas höhere Sphäre gerückt wurde, und so erscheint dann unser Sonderling […] als ein Abkömmling der Erinyen (sic), als ein nicht zu besänftigender Rachegeist, der nur auf das Verderben und die Vernichtung der ‚bösen Männer' sinnt"[18].

Neben den von Plutarch erwähnten Aristophanes und Platon haben sich auch andere Dichter der attischen Komödie mit der Figur befasst[19], sie „lebt im Gedächtnis der Menge fort"[20] und wird mehr und mehr auf den „an ihr besonders hervorstechenden Charakterzug"[21] reduziert:

> Die „nur […] lokal beschränkte und kausal begründete Feindschaft gegen die Männer […] erweitert sich bei den folgenden Generationen […]. Die Erbitterung unseres Sonderlings richtet sich bald gegen die ganze menschliche Gesellschaft. Timon hasst die Menschen schon als solche, er wird nunmehr zum absoluten Menschenfeind."[22]

Damit sind die Voraussetzungen angedeutet, die Lukian vorfand. Seine Timon-Bearbeitung ist richtungweisend für die weitere Entwicklung; dabei wird zu untersuchen sein, welche Wandlungen und Umdeutungen der Stoff erfahren hat. Im Rahmen dieser Arbeit soll und kann nur auf Jakob Gretser eingegangen werden, der seinerseits Auswirkungen nach England gehabt haben wird, wie Sonja Fielitz nachweist[23]. Gerhard Hertel sieht die Nachfolge der attischen Komödie in Italien u.a. bei Boiardo (1440-94); nach Gretser in England werden neben Shakespeare und einem anonymen Verfasser (um 1600) noch die Namen Thomas Heywood (um 1570-1641) und John Fletcher (1579-1625) genannt, die aber wohl eher in Zusammenarbeit mit Shakespeare wirkten[24].

---

[16] ebd.
[17] Bertram, a.a.O., S.10.
[18] ebd., S.11.
[19] Bertram nennt etwa noch Phrynichos und Antiphanes, a.a.O., S.14.
[20] ebd., S.15.
[21] ebd.
[22] ebd.
[23] Fielitz, a.a.O., S.130 ff.
[24] Gerhard Hertel: Die Allegorie von Reichtum und Armut. Ein aristophanisches Motiv und seine Abwandlungen in der abendländischen Literatur. In: Erlanger Beiträge zur Sprach- und Kunstwissenschaft, Bd. 33, Nürnberg 1969.

3   Lukians Timon–Bearbeitung

Lukian aus Samosata (ca. 120-180) wird statt Steinmetz Prozessredner, Wanderredner, schließlich Philosoph mit Anfängen im Sophismus. Nach zeitweiligem Wohnsitz in Athen nimmt er die Reisetätigkeit wieder auf; in späteren Jahren bekleidet er ein öffentliches Amt in Ägypten. Die rhetorische Schulung und die Erfahrungen im öffentlichen und gerichtlichen Disput zeigen sich auch im „Timon-Dialog"[25], der „eines seiner schönsten [Werke nach] einstimmiger Meinung aller Kenner" sei, wie es Wieland in einer Anmerkung zu seiner Timon-Übersetzung ausdrückt[26].

3.1   Szenische Gliederung und kurze Inhaltsangaben[27]

Der durchaus „bühnenmäßige" Dialog, dessen „szenische Darstellung [...] für die antike Regie keine schwierige Aufgabe gewesen sein (könne)"[28], ist im Original in 58 Abschnitte geteilt, die jedoch keiner gegliederten Szenenfolge entsprechen. Es lassen sich insgesamt 14 recht ungleich lange Szenen ermitteln, die durch äußere Ereignisse wie Auf- und Abtritte einzelner Personen gekennzeichnet sind. Darüber hinaus ist unschwer festzustellen, dass das Werk in zwei Teile zerfällt, von denen der erste mit den beiden Monologen Timons beginnt und endet, deren Parallelität darin besteht, dass Timon zunächst Zeus verspottet (Sz. 1), um ihn dann mit „O außerordentlicher Zeus"[29] (Sz. 9) übermäßig zu loben, zum zweiten darin, dass er im Gedanken an die Menschen und sich selbst, „der ich so vielen Atheniensern aufhalf"[30] (Sz. 1) am Ende zu einem monströsen misanthropischen Traktat ausholt (Sz. 9), einem „Gesetz", das er sich selbst für den künftigen Umgang mit den Menschen verordnet. Zwischen diesen Monologen finden sich die Szenen, die die Göttergespräche beinhalten, sie nehmen insgesamt bis zu dem Moment, in dem sich die Götter Hermes und Plutos direkt an Timon wenden[31] (Sz. 7), einen recht großen Raum ein. Im Übrigen bildet der Disput dieser 7. Szene, in dem es um die Annahme des neuen Wohlstandes durch Timon geht, das Zentrum des Werkes; einen Dreh- und Angelpunkt in der dramatischen Konstruktion, aber mit einem offenkundigen Riss im Charakter der Figur. Nach Bertram gibt Timon dem Drängen der Götter allein deswegen nach, „weil nach dem Plane des Dichters ja als *reicher* Mann die Parasiten ärgern soll"[32]. Denn nun verschwinden die vorherige Gutmütigkeit und Großzügigkeit, und es entwickelt sich das bis dahin noch kaum angedeutete

---

[25] Die Fragen nach literarischen Einflüssen auf Lukian sowie der Einordnung des „Timon" in das Gesamtwerk werden ausführlich beantwortet bei Mesk, a.a.O.
[26] Lukian von Samosata: Timon. In: Lügengeschichten und Dialoge. Aus dem Griechischen übersetzt und mit Anmerkungen und Erläuterungen versehen von Christoph Martin Wieland. Nach der Erstausgabe von 1788/89. s. Anmerkung 1 zur Timon-Übersetzung.
[27] Eine Übersicht über die einzelnen Szenen (L) bzw. Akte und Szenen (G) befindet sich als Synopse im Anhang.
[28] Mesk, a.a.O., S.114.
[29] ὦ Ζεῦ τεράστιε, Lukian, a.a.O., 42.
[30] τοσούτους Ἀθηναίων εἰς ὕψος ἄρας, Lukian, a.a.O., 5.
[31] Dieses Gespräch ist die einzige direkte Kommunikation der Götter mit einem Menschen in diesem Werk.
[32] Bertram, a.a.O., S.73.

Motiv der *Misanthropie*. Der Schatz wird nicht mehr – wie der frühere Reichtum – zum Leben genutzt, im Grunde braucht Timon ihn ja auch gar nicht mehr zur Stillung seiner einfachen Bedürfnisse, wie Penia es ihn gelehrt hatte: „[…] Ich habe genügend und ausreichend Lebensunterhalt durch meine Hacke"[33] (Sz. 7). Dennoch nimmt er den neuen Reichtum an, und es folgt der zweite Teil des Werkes (Sz. 10) - (Sz. 14), nach Bertram der „eigentliche[] Zielpunkt des Dialogs"[34], in dem nacheinander auftauchende ehemalige „Freunde", die Timon jeweils vorher mehr oder weniger ausführlich in ihrer Schlechtigkeit und Verlogenheit charakterisiert hat, abgefertigt und durch Schläge vertrieben werden. Diese Szenenfolge, die sich prinzipiell fast endlos fortsetzen ließe, erfüllt wohl durchaus den Zweck einer Komödie als witzige und jetzt durch mehr Aktionismus geprägte Belustigung des Publikums, allerdings keinen weitergehenden dramatischen Zweck, da das „misanthropische Manifest" Timons hier in seiner ganzen Entsetzlichkeit konterkariert und verharmlost wird. Denn wir sehen nur Leute, die sich mit albernen Worten und Vorschlägen nähern und mit Schlägen und Steinen vertrieben werden, nicht aber die Grausamkeiten, zu denen sich der Misanthrop verpflichtet hat:

> „Und 'Menschenfeind' sei mir der angenehmste Name, und die Kennzeichen meines Charakters seien ein mürrisches Wesen, Härte, Brutalität, Zorn und Menschenscheu. Wenn ich irgendeinen im Feuer umkommen sähe, der mich darum anflehte, das Feuer zu löschen, so will ich es mit Pech und Öl löschen; und wenn ein reißender Winterstrom einen hinwegreißt und dieser mit emporgestreckten Armen um Hilfe ruft, so wird es nötig sein, diesen mit dem Kopf unterzutauchen und mit Gewalt zu verhindern, dass er wieder auftauchen könne."[35]

3.2 Der Stoff als Anlass für satirische Rede und zynische Seitenhiebe

Lukian hat – wie man mit Blick auf das spätere fünfaktige Schaustück Jakob Gretsers sagen muss, zu Recht - darauf verzichtet, Timon in langatmigen Szenen zunächst als reichen, freigebigen (I. Akt), dann armen (II. Akt) Bürger Athens zu zeigen. Damit hätte er dem Eingangsmonolog, den man in heutiger Diktion als „Wutrede" bezeichnen könnte, einen großen Teil seiner Schärfe genommen. Uninteressant ist auch, wie lange Timon hier schon „für einen Lohn von vier Obolus"[36] den Acker umgräbt. Allerdings gibt es eine recht genaue geographische Ortsangabe[37].

Die Rede beginnt mit einer geradezu grotesken Häufung von Beinamen und verherrlichenden Apostrophierungen Zeus', die alle Homer und anderen Dichtern entnommen sind und die der damalige gebildete Zuschauer wiedererkennen konnte. Der satirische Effekt ergibt sich daraus,

---

[33] ἱκανὰ καὶ διαρκῆ ἔχω τὰ ἄλφιτα παρὰ τῆς δικέλλης, Lukian, a.a.O., 37.
[34] ebd., S.74.
[35] ὁ Μισάνθρωπος ἥδιστον, τοῦ τρόπου δὲ γνωρίσματα δυσκολία καὶ τραχύτης καὶ σκαιότης καὶ ὀργὴ καὶ ἀπανθρωπία, εἰ δέ τινα ἴδοιμι ἐν πυρὶ διαφθειρόμενον καὶ κατασβεννύναι ἱκετεύοντα, πίττῃ καὶ ἐλαίῳ κατασβεννύναι· καὶ ἤν τινα· τοῦ χειμῶνος ὁ ποταμὸς παραφέρῃ, ὁ δὲ τὰς χεῖρας ὀρέγων ἀντιλαβέσθαι δέηται, ὠθεῖν καὶ τοῦτον ἐπὶ κεφαλὴν βαπτίζοντα, ὡς μηδὲ ἀνακύψαι δυνηθείη, Lukian, a.a.O., 44,45.
[36] ὑπόμισθος ὀβολῶν τεττάρων, Lukian, a.a.O., 6.
[37] Laut Zeus' Worten sitzt Timon am Fuß des Hymettos (Ὑμηττός), etwa 10 km südöstlich des Stadtzentrums Athens, sodass Begegnungen mit den Atheniensern nicht unwahrscheinlich sind. Dies ist ein bedeutsamer Aspekt, weil Timons Misanthropie ja ohne diese sozialen Kontakte völlig wirkungslos verpuffen würde.

dass diese Dichter bloß „bezüglich des Versmaßes verlegen"[38] gewesen seien, es seien „alle
diese Dinge leeres Geschwätz eben und ungeschickter poetischer Dampf"[39]. Leicht könnte man
durch die Klage über die Wirkungslosigkeit der „so viel besungene[n]"[40] Machtmittel Zeus' auf
den Gedanken kommen, hier neben dem sich entwickelnden Menschenhass auch einen Götterhass zu vermuten. Vor einer solchen Deutung warnt Bertram, der durchaus „schneidende[n]
Hohn" und „ganz klar die Ironie des Dichters selber herausspürt"[41], jedoch beziehen sich diese
Sprechhaltungen eher auf die übertriebenen Zuschreibungen (der Donnernde, Gigantenvernich-
ter, Titanensieger[42]). Eigentlich wird Zeus („Edelster aller Götter"[43]) von Timon bedauert, da
jetzt seine Kraft erloschen zu sein scheine und sich also niemand mehr ernsthaft vor ihm fürchte
oder gar Opfer darbringe. Die befreiende Ironie geht Timon nach dieser Rede aber vollends
verloren, wenn er beklagt, wie ihm „mitgespielt"[44] worden sei; auch die Selbstkritik hält sich in
Grenzen; es war nur „die Leidenschaft, meinen Freunden Gutes zu tun"[45], nach meinen Recher-
chen die einzige Stelle, an der sich Lukians Timon an seinem Schicksal selbst für schuldig
erklärt.

Ironie und Sarkasmus bleiben im Folgenden den Göttern vorbehalten, durch deren Mund wir
allerhand Lästerliches über die Menschen, von seiten Zeus' insbesondere über die Philosophen
hören. Auf diese Weise ergießt sich beißender Spott [σαρκασμός] des Satirikers Lukian über sie:

> „Wer ist dieser schmutzige, völlig verwilderte, mit Fell bekleidete [...], der aus Attika am Fuße des Hymet-
> tos heraufkreischt? [...] Ein geschwätziger dreister Kerl! Wahrscheinlich ein Philosoph! Sonst hätte er
> wohl nicht so gottlose Reden gegen uns geführt"[46]

> „Übrigens muss ich gestehen, dass ich [...] lange Zeit schon nicht auf Attica herabgesehen habe, zumal
> seit die Philosophie und das Argumentieren im Streit liegen. Denn sie bekämpfen sich gegenseitig und
> krächzen dabei [...], wenn sie über irgendeine Tugend disputieren, unkörperliche Dinge und leeres Ge-
> schwätz mit lauter Stimme aneinanderreihen."[47]

Ebenso sarkastisch kommentiert Hermes die Entscheidung Zeus', den laut schreienden, groben
und trotzigen Timon mit neuen Reichtümern zu beschenken:

> „Weil er geschrien und freimütig sich mit Flüchen an Zeus gewendet hatte, wurde Timon sofort aus einem
> ärmsten ein sehr reicher Mann."[48]

Aber Hermes und auch Plutos sind untergeordnete Götter, die sich eben fügen müssen, wenn
auch letzterer sich längere Zeit standhaft wehrt mit Argumenten, die ebenfalls auf eine große

---

[38] ὅταν ἀπορῶσι πρὸς τὰ μέτρα, Lukian, a.a.O., 1.
[39] ἅπαντα γὰρ ταῦτα λῆρος ἤδη ἀναπέφηνε καὶ καπνὸς ἀτεχνῶς ποιητικός, Lukian, ebd.
[40] ἀοίδιμο[ς], Lukian, ebd.
[41] vgl. Bertram, S.64.
[42] ὑψιβρεμέτης, Γιγαντολέτωρ, Τιτανοκράτωρ, Lukian, a.a.O., 4.
[43] ὦ θεῶν γενναιότατε, Lukian, ebd.
[44] τἀμὰ εἶπω, Lukian, a.a.O., 5.
[45] εὐεργεσίαν τῶν φίλων, Lukian, ebd.
[46] τίς οὗτός ἐστιν, [...], ὁ κεκραγὼς ἐκ τῆς Ἀττικῆς παρὰ τὸν Ὑμηττὸν ἐν τῇ ὑπωρείᾳ πιναρὸς ὅλος καὶ αὐχμῶν καὶ ὑποδίφθερος;
[...] λάλος ἄνθρωπος καὶ θρασύς. ἦ που φιλόσοφός ἐστιν οὐ γὰρ ἂν οὕτως ἀσεβεῖς τοὺς λόγους διεξήει καθ᾽ ἡμῶν, Lukian,
a.a.O., 7.
[47] πλὴν[...] πολὺν ἤδη χρόνον οὐδὲ ἀπέβλεψα ἐς τὴν Ἀττικήν, καὶ μάλιστα ἐξ οὗ φιλοσοφία καὶ λόγων ἔριδες ἐπεπόλασαν
αὐτοῖς· μαχομένων γὰρ πρὸς ἀλλήλους καὶ κεκραγότων [...] ἀρετήν τινα καὶ ἀσώματα καὶ λήρους μεγάλῃ τῇ φωνῇ συνειρόντων,
Lukian, a.a.O., 9.
[48] ὁ Τίμων βοήσας καὶ παρρησιασάμενος ἐν τῇ εὐχῇ καὶ ἐπιστρέψας τὸν Δία, Lukian, a.a.O., 11.

Verachtung aller Menschen, die sich ihres Reichtums nicht angemessen zu bedienen wissen, schließen lassen.

3.3 Menschliche Stärken und Schwächen

In der mir vorliegenden Literatur kaum hervorgetreten ist das Menschenbild, das Lukian im 2.Jh. am Beispiel des seinerzeit ca. 500 Jahre alten Themas entwickelt und das sowohl Timon als auch seine Mitmenschen betrifft. Eine Untersuchung in dieser Hinsicht erscheint sinnvoll, da die „Urbilder" solcher menschlichen Charaktere bis in unsere heutige Zeit wirken, das künstlerische Schaffen und die gesellschaftliche Situation prägen[49]. Der die Timonlegende erforschende Bertram ringt immer wieder um Begriffe, wenn er die Gestalt als „Sonderling", sogar „unseren Sonderling" (beides sehr häufig), als „finstere und eigensinnige Persönlichkeit", „menschenscheuen Athener", als „grimmigen Starrkopf" etc. bezeichnet[50], der allerdings in der „Naivität seines Herzens so unvorsichtig" gewesen sei „bei seiner Leidenschaft, den Menschen Gutes zu tun"[51], dass er eben habe verarmen müssen.

In diesen beiden Extremen zeigt ihn uns Lukian: als über seine einstige Gutmütigkeit jammernde Person und am Ende als hartherzigen Mann, der sich von allen schroff abwendet. Beide Male ist er schwach, uneigenständig, und wenn man den Worten Plutos' folgt, war er (bloß) ein reicher Erbe (s.o.), dem nicht nur Freigebigkeit als eine eigentlich hoch zu veranschlagende Tugend, sondern auch der (teure?) Umgang mit käuflichen Damen vorzuwerfen wären:

> „Und ich sollte also nun wieder zu ihm gehen, um mich Parasiten, Schmeichlern und Dirnen preiszugeben?"[52]

Von einer erwerbsmäßigen Tätigkeit ist keine Rede, sodass ihm der Sinn für den dauerhaften Erhalt seines Reichtums fehlen würde: Er ist hier quasi ein Schmarotzer seiner selbst, der „Freunde" bedenkenlos und selbstgefällig daran teilhaben lässt. Lukian zeigt die spätere Verarmung auch durch den Verlust des „Reichtums" an Sozialbeziehungen:

> „Seit ich durch diese Dinge arm geworden bin, kennt mich niemand mehr von denselben, die bisher zu mir aufblickten und sich mir zu Füßen warfen und von meinem Wink abhängig waren, [...] würdigen mich jetzt keines Blickes mehr."[53]

Diese „Freundschaften" als eigentlich demütigende Abhängigkeitsverhältnisse sind hohl, ihr Anblick ist Timon unerträglich geworden.

In seiner „Philosophie des Geldes" hat sich Simmel auch mit den Begriffen und Extremen von „Verschwendung" und „Geiz" beschäftigt. Zu Geldzuwendungen und Geschenken aller Art bemerkt er (wenn auch nicht in den Dimensionen Timons, der sich ja ruiniert): Ein Geldge-

---

[49] In neuester Zeit hat eine Werbekampagne mit dem Slogan „Geiz ist geil" für Diskussionen gesorgt.
[50] Bertram, a.a.O., z.B. S. 1, 4, 7, 8, 65, 77.
[51] ebd., S.62.
[52] αὖθις οὖν ἀπέλθω παρασίτοις καὶ κόλαξι καὶ ἑταίραις παραδοθησόμενος, Lukian, a.a.O., 12.
[53] ἐπειδὴ πένης διὰ ταῦτα ἐγενόμην, οὐκέτι οὐδὲ γνωρίζομαι πρὸς αὐτῶν οὐδὲ προσβλέπουσιν οἱ τέως ὑποπτήσσοντες καὶ προσκυνοῦντες κἀκ τοῦ ἐμοῦ νεύματος ἀπηρτημένοι, Lukian, a.a.O., 5.

schenk wirke „in höheren Kreisen direkt deklassierend"[54] – und spricht damit in gewisser Weise den demütigenden Charakter solcher Hilfeleistungen an, zu denen sich die weitere Demütigung gesellt, dass die Zuwendungen grotesk überhöht sind.

Grözinger arbeitet in einem Vergleich zwischen Simmel und Freud[55] heraus, die „scheinbar gegensinnigen Eigenschaften des Geizigen und des Verschwenders [hätten] eine gemeinsame Wurzel"[56] und er zitiert[57] folgende Beobachtungen Simmels:

> Die Verschwendung ist nach mehr als einer Richtung dem Geiz verwandter, als die Entgegengesetztheit ihrer Erscheinung zu verraten scheint. [...] Für den Geizigen [...] wächst [der Geldbesitz] zu einem für sich lustvollen Selbstzweck aus, für den Verschwender [das Geldausgeben]. Das Geld ist für ihn kaum weniger wesentlich als für jenen, nur nicht in der Form des Habens, sondern in der des Ausgebens"[58].

Dem lustvollen Verschwenden, dem sich Timon vor seiner Verarmung hingegeben hatte, entspräche damit die lustvoll-geizige Verweigerung, der er sich gegenüber seinen Mitmenschen nach dem Fund des Schatzes widmet. Hat Plutos ihn durch das väterliche Erbe reich gemacht, so wird er es jetzt erneut, diesmal durch einen (gottgegebenen) Zufall. Dass er dem Glanz des Schatzes nicht widerstehen kann, formuliert er mit folgender Analogie:

> „Komm, du liebstes und willkommenstes [aller Dinge]! Nun bin ich überzeugt, dass Zeus einst golden geworden ist. Welches Mädchen wollte einem so schönen Liebhaber, der durch die Decke herabsinkt, nicht seinen Schoß öffnen?"[59]

Die sofort hiernach einsetzende Verhärtung gegenüber allen Mitmenschen, die an seinem neuen Reichtum nun nicht mehr teilhaben sollen, zeigt die Schwäche Timons von einer anderen Seite: Gerade die Monstrosität des nun formulierten „Gesetzes" symbolisiert die (zunächst verbale) Mauer, die er um sich ziehen muss, bevor er auf der zu kaufenden Landspitze einen Turm errichtet, in dem er mit seinem Schatz begraben werden will; wiederum lustvoll malt er sich aus, wie er die Menschen von nun an behandeln will, und dazu

> „... will ich dieses entlegene Landgut kaufen und ein Türmchen über meinen Schatz bauen, das gerade ausreichend groß ist, damit ich darin lebe, und ich meine, dass dieses nach meinem Tod auch mein Grab sein soll."[60]

Geiz und Misanthropie scheinen gerechtfertigt. Nicht einen einzigen Menschen führt Lukian vor die Augen des Zuschauers, der Güte, Großmut, Mitleid, Rechtschaffenheit o. ä. ausstrahlen würde; weder gibt es jemanden, der sich um den verarmten Timon kümmert, noch zeigen die Gestalten am Schluss etwas anderes als Heuchelei, Habgier, Bosheit oder Feigheit etc.

---

[54] Simmel, Georg: Philosophie des Geldes. Berlin ⁶1958.
[55] Grözinger, Gerd: Von der Philosophie zur Psychoanalyse des Geldes. In: Jürgen Backhaus / Hans-Joachim Stadermann (Hrsg.): Georg Simmels Philosophie des Geldes. Einhundert Jahre danach. Marburg 2000. [Aufsatzsammlung], S.143-184.
[56] ebd., S.161.
[57] Das Zitat stammt aus einer mir nicht vorliegenden Ausgabe von 1907.
[58] Grözinger, a.a.O., S.161.
[59] ὦ φίλτατε καὶ ἐρασμιώτατε. νῦν πείθομαί γε καὶ Δία ποτὲ γενέσθαι χρυσὸν τίς γὰρ οὐκ ἂν παρθένος ἀναπεπταμένοις τοῖς κόλποις ὑπεδέξατο οὕτω καλὸν ἐραστὴν διὰ τοῦ τέγους καταρρέοντα, Lukian, a.a.O., 41, 42.
[60] πυργίον οἰκοδομησάμενος ὑπὲρ τοῦ θησαυροῦ μόνῳ ἐμοὶ ἱκανὸν ἐνδιαιτᾶσθαι, τὸν αὐτὸν καὶ τάφον ἀποθανὼν ἕξειν μοι δοκῶ, Lukian, ebd.

Gnathonides ist ein schmeichlerisches Subjekt, das zu erneutem Essen und Trinken ein „ganz neu gelerntes Trinklied"[61] anstimmen will (Sz. 10); *Philiades* ist ein Mann, der sich auf Kosten anderer andienern will: „Aber lass dich zugleich vor diesen verdammten Schmeichlern warnen, diesen Schmarotzern […]"[62] (Sz. 11). *Demeas* will Timon mit erlogenen Dekreten bestechen, die hohe Verdienste des Umworbenen behaupten: „[…] du großer Nutzen deines Stammes, du Stütze von Athen und Schutzmauer ganz Griechenlands!"[63] etc. (Sz. 12). Da er keinen Erfolg damit hat, bedroht er ihn mit falschen Beschuldigungen: „Aber du bist nur reich, weil du in die Schatzkammer eingebrochen bist."[64] Der Philosoph *Thrasykles* schließlich rät zum Verzicht auf das Gold bzw. dazu, es so schnell wie möglich an Bedürftige zu verteilen: „Gib diesem einen Obolus[65], gib allen, die bedürftig sind, diesem fünf Drachmen, diesem eine Mine[66], diesem aber ein halbes Talent[67], wenn es ein Philosoph sein sollte, könnte er auch zwei- oder dreimal soviel erwarten."[68](Sz. 13)

Lukian zeigt so die ganze Schlechtigkeit einer menschlichen Umwelt, der gegenüber die Abwehr Timons mehr als gerechtfertigt erscheint; dies umso mehr, als die jeweilige Erinnerung des Protagonisten an diese Menschen deren übles Wesen deutlich herausstreicht.

Aus einer anderen Perspektive beleuchtet die Szene (7) diesen Zusammenhang, in der Timon von Plutos und Hermes aufgesucht und direkt angesprochen wird. Denn hier scheint eine charakterliche Entwicklung des jetzt auf Arbeit und Erwerb angewiesenen Timon stattgefunden zu haben, sie wird in der Klage Penias (Sz. 6) geschildert:

„Ihr raubt mir den einzigen Besitz [Timon] wieder, nachdem ich ihn mühevoll zur Tugend umgebildet habe, um, nachdem Plutos ähnlich wie zuvor ihn wieder dem Übermut und dem Stumpfsinn übergeben hatte und er wieder zum Weichling, Tor und Taugenichts gemacht wurde, ihn mir wieder als Lumpen zurückzugeben? [...] Als er mit mir zusammen war, war sein Leib gesund, auch sein Geist war stark; er lebte das Leben eines Mannes, achtete auf sich selbst und sah diese und viele solche Dinge wie sie sind, als überflüssig und ihn nichts angehend.[69]

Diese letzte Prophezeiung Penias, nach der sie sich mit ihren Gefährten Sophia und Ponos kampflos entfernt, findet im weiteren Verlauf der dramatischen Handlung keinen Widerhall in den Selbstgesprächen Timons. Nach dem Fund des Goldes wird er zwar nicht mehr zu dem befürchteten „Weichling" [μαθακός] und „Taugenichts" [ἀνόητος], aber seine Nachdenklichkeit ist nicht mehr zu erkennen. Hier (Sz. 7) bezeichnet er sich als einen „Lohn verdienenden Arbeiter bzw. Tagelöhner"[70], der sich auch nicht von Göttern und dem Versprechen neuen Reichtums beeindrucken lassen will: „Ich habe genügend und ausreichend Lebensunterhalt durch meine Hacke"[71]. In einer großartigen Ansprache an die beiden Götter verweist er auf den Wert des neuen Lebens, das er nicht aufgeben gedenke:

„Die beste Penia aber übte mich durch äußerst männliche Arbeiten und ihr Umgang war immer mit Wahrheit und Freimütigkeit verbunden. Sie verschaffte mir durch Anstrengung das Notwendige und lehrte mich

---

[61] ὡς καινὸν τί σοι ᾆσμα τῶν νεοδιδάκτων διθυράμβων ἥκω κομίζων, Lukian, a.a.O., 46.

[62] καὶ ὅπως τοὺς μιαροὺς τούτους κόλακας φυλάξῃ, Lukian, a.a.O., 48.

[63] τὸ μέγα ὄφελος τοῦ γένους, τὸ ἔρεισμα τῶν Ἀθηνῶν, τὸ πρόβλημα τῆς Ἑλλάδος, Lukian, a.a.O., 50.

[64] ἀλλὰ καὶ πλουτεῖς τὸν ὀπισθόδομον διορύξας, Lukian, a.a.O., 53.

[65] entspricht 1/6 Drachme.

[66] entspricht 100 Drachmen.

[67] entspricht 3000 Drachmen.

[68] ὀβολὸν αὐτῷ ἀνείς, διαδιδοὺς ἅπασι τοῖς δεομένοις, ᾧ μὲν πέντε δραχμάς, ᾧ δὲ μνᾶν, ᾧ δὲ ἡμιτάλαντον εἰ δέ τις φιλόσοφος εἴη, διμοιρίαν ἢ τριμοιρίαν φέρεσθαι δίκαιος, Lukian, a.a.O., 57.

[69] ὃ μόνον κτῆμα εἶχον ἀφαιρεῖσθαί με, ἀκριβῶς πρὸς ἀρετὴν ἐξειργασμένον, ἵνα αὖθις ὁ Πλοῦτος παραλαβὼν αὐτὸν Ὕβρει καὶ Τύφῳ ἐγχειρίσας ὅμοιον τῷ πάλαι μαλθακὸν καὶ ἀγεννῆ καὶ ἀνόητον ἀποφήνας ἀποδῷ πάλιν ἐμοὶ ῥάκος ἤδη γεγενημένον; [...] ἦ συνὼν ὑγιεινὸς μὲν ὁ σῶμα, ἐρρωμένος δὲ τὴν γνώμην διετέλεσεν, ἀνδρὸς βίον ζῶν καὶ πρὸς αὐτὸν ἀποβλέπων, τὰ δὲ περιττὰ καὶ πολλὰ ταῦτα, ὥσπερ ἐστίν, ἀλλότρια ὑπολαμβάνων, Lukian, a.a.O., 32, 33.

[70] ἄνδρα ἐργάτην καὶ μισθοφόρον, Lukian, ebd.

[71] ἱκανὸς ἐμοὶ πλοῦτος ἡ δίκελλα, Lukian, a.a.O., 35.

die vielen Dinge der Reichen zu verachten, ließ alle Hoffnungen meines Lebens von mir selbst abhängen [...]."[72] Der Riss im Charakter wird erst durch die Götter ausgelöst; erst durch ihr Zutun, indem sie ihn an den Gehorsam gegenüber den Beschlüssen Zeus' erinnern, muss Timon zu dem üblen Misanthropen werden, der er bis zum Schluss bleibt. Damit ist eine denkbare Entwicklung der Figur zurückgenommen um des komischen Effektes willen, einen „Sonderling" vorzuführen; ein Ende der Komödie, das man vom Menschlichen her nur als tragisch bezeichnen kann.

3.4 Reichtum – Fluch oder Segen?

Die Auseinandersetzung mit dem Reichtum an materiellen Gütern, insbesondere an Geld, findet ihren Niederschlag in den Dialogen Zeus / Plutos (Sz. 4) sowie Plutos / Hermes (Sz. 5), letzteres im Rahmen eines „Wandergesprächs", bis die Stelle an der Grenze von Attica, an der Timon arbeitet, erreicht ist. Im ersten Gespräch geht es im Wesentlichen darum, wer sich des Reichtums als würdig erweist; im zweiten Gespräch um die Flüchtigkeit der Güter und den Betrug, dem der mit Reichtum Beschenkte in Wahrheit ausgesetzt sei.

„Würdig" ist demnach keiner, der seinen Reichtum „zerstückelt"[73] habe, sondern der Zeus' „Gaben zu schätzen"[74] wisse und dem Plutos „sehr erwünscht"[75] sei, ein Verhalten, das nach Zeus in der Übertreibung aber zum Fluch werde, wenn der Reiche, der seine Schätze „hinter Riegel und Schlösser einsperrte"[76] nicht wagte, sie zu genießen, sondern sie Tag und Nacht bewachen und zusammenhalten müsste, immer in der Furcht, dass „irgendein verfluchter Sklave, Hausverwalter oder Nichtsnutz Mittel finden werde, heimlich ihm über seinen Schatz zu kommen und den verhassten Knauser hinter seinem Rücken zu verspotten"[77]. Diesen Bedenken stellt Plutos denjenigen, „der mit Maße zu Werke geht"[78], entgegen und bemüht hier das Beispiel von der jungen hübschen Frau, die man weder „nach freiem Belieben Tag und Nacht herumschwärmen und sich die Zeit vertreiben"[79], mit wem sie wollte noch sie „kinderlos und in ewiger Jungfernschaft eingesperrt"[80] lassen dürfe. Zeus erwidert, dass diese unwürdigen Reichen wie Tantalos oder Phineus[81] gestraft seien, dagegen werde Plutos nun „einem viel weiseren

---

[72] ἡ βελτίστη δὲ Πενία πόνοις με τοῖς ἀνδρικωτάτοις καταγυμνάσασα καὶ μετ' ἀληθείας καὶ παρρησίας προσομιλοῦσα τά τε ἀναγκαῖα κάμνοντι παρεῖχε καὶ τῶν πολλῶν ἐκείνων καταφρονεῖν ἐπαίδευεν, ἐξ αὐτοῦ ἐμοῦ τὰς ἐλπίδας ἀπαρτήσασά μοι τοῦ βίου καὶ δείξασα, Lukian, a.a.O., 36.
[73] κατεμέριζε, Lukian, a.a.O., 12.
[74] ἡσθησομένους τῇ δωρεᾷ, Lukian, ebd.
[75] περιπόθητος, Lukian, ebd.
[76] ὑπὸ μοχλοῖς καὶ κλεισί, Lukian, a.a.O., 12.
[77] καὶ προσέτι γε καὶ κατεγέλας αὐτῶν φειδομένων καὶ φυλαττόντων καὶ τὸ καινότατον αὐτοὺς ζηλοτυπούντων, ἀγνοούντων δὲ ὡς κατάρατος οἰκέτης ἢ οἰκονόμος πεδότριψ ὑπεισιὼν λαθραίως ἐμπαροινήσει, Lukian, a.a.O., 14.
[78] μέτρον ἐπιθήσοντας, Lukian, a.a.O., 16.
[79] ἐθέλοι νύκτωρ καὶ μεθ' ἡμέραν κοιτεῖναι, Lukian, ebd.
[80] ἄγονον δὲ καὶ στεῖραν κατακλείσας παρθενεύοι, Lukian, a.a.O., 17.
[81] nach G. Schwab: Sagen des klassischen Altertums. Phineus und die Harpyien. (...) Phineus, der Sohn des Helden Agenor, [...] war von einem großen Übel heimgesucht. Weil er die Wahrsagergabe, die ihm von Apollon verliehen worden, missbraucht hatte, war er im hohen Alter mit Blindheit geschlagen worden; und die Harpyien, die grässlichen Wundervögel, ließen ihn keine

Timon begegnen"[82], eine Voraussage, die sich allerdings nicht bewahrheiten soll. Zwar wird er niemals mehr das Geld verschwenden, aber genauso wenig plötzlich zu einer maßvollen Nutzung gelangen. Timon ist später auch weder ein Tantalos noch ein Phineus, da er mit der misanthropischen „Mauer" um sich herum lediglich seinen neuen Reichtum (auch vor sich selbst) schützen will und mit der „Kombination" dieser äußeren und inneren Eigenschaften einen „eigenen" Mythos begründet.

Einen ganz anderen Aspekt des „flüchtigen" Reichtums beleuchtet das Gespräch zwischen Plutos und Hermes (Sz. 5), indem der Mythos der *Blindheit* des Gottes mit dem der *Lahmheit* verbunden wird. Blind, lahm und schwach ist er aber nur, „wenn ich von Zeus zu jemandem geschickt werde"[83], geradezu beflügelt jedoch, wenn er sich „wegbegeben"[84] will. Dieses Bild ändert sich auch nicht, wenn der Reichtum von „Pluto, insofern auch er ein Geber des Reichtums ist"[85], etwa durch ein Testament, auf einen ganz und gar unwürdigen „ehemaligen Schmeichler"[86] oder „seit der Kindheit geschätzten Sklaven"[87] fällt, und dieser „rohe und dickhäutige Kerl"[88] dann aber auch „in kurzer Zeit wieder verschwendet, was von vielen Meineidigen, Räubern und Schurken nach und nach zusammengekratzt worden war"[89].

Auch der Abschluss des Gesprächs lässt nicht vermuten, dass Reichtum in irgendeiner Form ein „Segen" sein könnte. Hier geht es darum, wie hässlich doch Plutos sei („blind, und dazu noch [...] blassgelb und ziemlich übel zu Fuß"[90]) und dass er dennoch „so viele Liebhaber"[91] habe. Doch die Schönheit des Reichtums ist bloß Betrug hinter „einer sehr liebenswürdigen, schimmernden, mit Gold und Edelsteinen besetzten Maske"[92], die einen „unliebenswürdigen Gegenstand"[93] verberge. Hinzu kommen menschliche Schwächen wie „Aufgeblasenheit, Unverstand, Prahlerei, Weichlichkeit, Übermut, Betrug und tausend andere ihresgleichen"[94], die den Neureichen verblenden.

Lukian hat den Sprechern seines Dialoges viel Raum gegeben und entsprechende Möglichkeiten, über die Reichen und den Reichtum, arme Schlucker und plötzlich zu Geld Gekommene zu schwadronieren, sodass dies fast das Hauptthema seiner Satire zu sein scheint, über dem man

---

Speise ruhig genießen. Was sie konnten, raubten sie; das Zurückgebliebene besudelten sie so, dass man es nicht genießen, ja selbst die Nähe solcher Speisen nicht aushalten konnte.

[82] σωφρονεστέρῳ παρὰ πολὺ τῷ Τίμωνι ἐντευξόμενος, Lukian, a.a.O., 18.

[83] ὁπόταν μὲν παρά τινα πεμφθεὶς ὑπὸ τοῦ Διός, Lukian, a.a.O., 20.

[84] ἀπίω, Lukian, ebd.

[85] ὁ Πλούτων [...] ἅτε πλουτοδότης, Lukian, a.a.O., 21.

[86] κόλαξ, Lukian, a.a.O., 22.

[87] οἰκέτης ἐκ παιδικῶν τίμιος, Lukian, ebd.

[88] ἀπειρόκαλος καὶ παχύδερμος ἄνθρωπος, Lukian, ebd.

[89] ἐν ἀκαρεῖ τοῦ χρόνου [...] ἐξέχῃ τὰ κατ᾿ ὀλίγον ἐκ πολλῶν ἐπιορκιῶν καὶ ἁρπαγῶν καὶ πανουργιῶν συνειλεγμένα, Lukian, a.a.O., 23.

[90] τυφλὸς ὤν [...] καὶ προσέτι ὠχρὸς καὶ βαρὺς ἐκ τοῖν σκελοῖν, Lukian, a.a.O., 26.

[91] τοσούτους ἐραστάς, Lukian, a.a.O., 26.

[92] προσωπεῖόν τι ἐρασμιώτατον, διάχρυσον καὶ λιθοκόλλητον, Lukian, a.a.O., 27.

[93] ἄμορφ[ος] πρᾶγμα[], Lukian, a.a.O., 27.

[94] ὁ τῦφος καὶ ἡ ἄνοια καὶ ἡ μεγαλαυχία καὶ μαλακία καὶ ὕβρις καὶ ἀπάτη καὶ ἀλλ᾿ ἄττα μυρία, Lukian, a.a.O., 28.

Timon, den man ja bisher nur aus dem Anfangsmonolog kannte, fast vergessen hat. Damit über-lagern sich mehrere Motive, die die Dialoge prägen, von denen die Verachtung des Reichtums eines der stärksten ist, denn selbst wenn es um dessen *Erwerb* geht, ist nirgends ein anderer Weg beschrieben als der des Zufalls, der unverdienten Erbschaft oder eben des Zusammenraffens „von vielen Meineidigen, Räubern und Schurken"[95]. Da Reichtum also so übel ist, ja selbst der Gott des Reichtums persönlich von seiner Verehrung abzuraten scheint, kann nirgends von einer segensreichen Nutzung gesprochen werden, und Timon bildet hier sowohl als Reicher als auch als Neureicher keine Ausnahme.

4 Jakob Gretsers Timon-Bearbeitung

4.1 Pädagogik und Schaubühne im Jesuitentum

Als sich der junge Jesuit Jakob Gretser (1562-1625) des Stoffes annahm, war er (nach einigen vorherigen Stationen[96]) Lehrer in Fribourg / Schweiz. Wie sein Biograph Anton Dürrwächter ausführt[97], sei er nach einem absolvierten „philosophischen Triennium" dort „wieder in das Lager der ‚Humanität' und der dramatischen Muse" übergegangen, welchem Umstand wir das „Erstlingswerk", die lateinische Komödie unter dem Titel *„Timon Comoedia imitata ex dialogo Luciani, qui Timon inscribitur"* zu verdanken haben, die am 15. Oktober 1584 auf die Bühne kam. Wie wenig bedeutsam dieses Stück aber für die Nachwelt war, mag man dem Umstand entnehmen, dass es noch 1969, als Hertels „Allegorie von Reichtum und Armut" erschien, noch ungedruckt war[98]; in Bertrams Dissertation zur Timonlegende wird es überhaupt nicht er-wähnt[99]. Erst Sonja Fielitz fügt eine vollständige Fassung des lateinischen Originaltextes als „Erstausgabe" sowie eine parallel gedruckte (eigene) deutsche Übersetzung ihrer 1994 geschrie-benen Dissertation bei, in der es um die Beziehungen zu Shakespeares ‚Timon of Athens' geht. Hier wird auch eine ausführlichere Betrachtung zu der Frage vorgenommen, welche „Hinter-gründe und Denkweisen"[100] das Jesuitentum prägten und sich damit auch auf den Ansatz Gret-sers ausgewirkt haben könnten. Auf jeden Fall lässt sich festhalten, dass nach den Umwälzungen der Reformationszeit eine Erneuerung des Religiösen innerhalb des Katholizismus angestrebt wurde; der junge Jesuitenorden hatte es sich zur Aufgabe gemacht, in dieser Bewegung eine Vorreiterrolle einzunehmen. Der Orden

---

[95] ἐκ πολλῶν ἐπιορκιῶν καὶ ἁρπαγῶν καὶ πανουργιῶν, Lukian, a.a.O., 23.
[96] z.B. 1579/80 Jesuitentheater in München / Rhetorikklasse.
[97] Dürrwächter, Anton: Jakob Gretser und seine Dramen. Ein Beitrag zur Geschichte des Jesuitendramas in Deutschland. In: Erläuterungen und Ergänzungen zu Janssens Geschichte des deutschen Volkes, Bd. IX, 1. u. 2. Heft), Freiburg i. Brsg. 1912, S.9.
[98] Hertel, a.a.O., S.72, Anm.17.
[99] Bertram, a.a.O. – Es ist zu vermuten, dass Bertram Gretsers Timon gar nicht kannte, denn sonst hätte er ihn neben den drei Beispielen aus der „Neuzeit" (Shakespeare, Molière und Schiller) sicherlich zumindest erwähnt.
[100] Fielitz, a.a.O., S.83.

„[…] trat in die Öffentlichkeit hinaus […] die Pastoration besonders der Jugend (da der Orden über fast alle Bildungsinstitute verfügte) begründete […] den immer stärker werdenden Einfluss der Jesuiten auf das gesellschaftliche Leben der Zeit. […] Es wurde mit allen Mitteln um die Seele (sic) der Individuen geworben, alle Formen geistigen Lebens und religiöser Aktivität zog der Orden für seine Sache heran […], nicht zuletzt das Drama als Möglichkeit der *propaganda fidei* […]"[101].

War Theater bis dahin (auch) Sprach- und Rhetorikübung gewesen, Gedächtnistraining und Deklamation[102], so war der Sinn des Dramas jetzt zusätzlich, als „Vehikel der Mission" zu wirken und mit einer lehrhaften These oder Botschaft „Richtschnur und Wegweiser für richtiges Verhalten" zu bieten[103].

Obwohl ein frühes Jesuitendrama wie der „Timon" Gretsers „[…] sich noch stark an die humanistischen Dramen an[lehnte]" und (noch) weniger der „christliche Inhalt", sondern eher „allgemein-menschliche Probleme und Fragen […] im Vordergrund der Behandlung (stehen)"[104], wird zu untersuchen sein, welche Bearbeitung Gretser seinem Lukian hat angedeihen lassen und ob hieraus auf eine geänderte Zielrichtung geschlossen werden kann. Meine These ist hier, dass es als ein für ein Schultheater geschriebenes Stück, das vordergründig lateinische Versdeklamation ermöglicht, daneben eigene pädagogische Zielsetzungen verfolgt, die von der Darstellungsabsicht Lukians abweichen und insbesondere dessen satirischen Impetus aufweichen.

4.2 Literarischer Ansatz Gretsers

Das Stück ist von vornherein in ganz anderen Dimensionen konzipiert als der als Vorlage dienende lukianische Dialog. Es umfasst in der o.a. Dissertation Sonja Fielitz' insgesamt 45 Druckseiten und kann damit als - in heutiger Diktion - „abendfüllend" bezeichnet werden, ein fünfaktiges Drama mit einer nach dem III. Akt festgesetzten Pause (während derer man sich die Suche Merkurs nach Plutus vorzustellen hat). Schon dem Personenverzeichnis ist zu entnehmen, dass möglichst viele Schüler mitspielen sollten, auch solche, die insbesondere mit musikalischen Aufgaben betraut waren, insgesamt mindestens 23 Mitwirkende, die wohl aus einer Lateinklasse rekrutiert werden konnten. Insofern drückt sich hier bereits der Wille aus, dem Publikum mit der Deklamation lateinischer Verse ein möglichst unterhaltsames Theatererlebnis zu verschaffen. Mit großem Eifer muss sich Gretser an seiner neuen Wirkungsstätte den Aufführungen dieses und weiterer Stücke gewidmet haben:

„Betraut mit der Leitung der eben neuerrichteten Klasse *humaniorum litterarum* legitimierte er seinen Dienstantritt nicht nur mit einer Rede *De humaniorum litterarum praestantia*, sondern auch mit der Aufführung eines dem Stoffgebiete des Altertums entnommenen Schauspiels"[105].

Das weitere Schicksal des Werkes lässt erkennen, dass eine entscheidende Wirkung über die einstudierte Schulaufführung hinaus nicht geplant oder erreichbar war. Forschungen in von

---

[101] ebd., S.84.
[102] vgl. ebd., S.85.
[103] vgl. ebd.
[104] ebd., S.86.
[105] Dürrwächter, a.a.O., S.9.

Gretser eigenhändig zusammengestellten Handschriften haben ergeben, dass von 23 kodifizierten Dramen noch 12 erhalten sind[106], seine frühen Werke waren „nur im Manuskript überliefert"[107] und insofern der literarischen Mit- und Nachwelt weitgehend verborgen. Ein mitbestimmender Umstand für diese Zurückhaltung mag darin liegen, dass das Stück vom Schweizer Publikum „gleichmütig" aufgenommen worden sei: Laut Fielitz „wird berichtet: *a discipulis nostris senatu populoque aequis animis* [...] *acta est*"[108], ein Misserfolg, der vielleicht mit dazu beigetragen hat, dass sich Gretser „fortan von den antiken Stoffen ab(wandte)" und zu „biblischen Stoffen" überging[109]. Damit ist aber auch die Schlussfolgerung möglich, dass dieses noch dem Humanismus verpflichtete Werk anders als spätere Dramen keine speziell christlich-katholische Botschaft vermittelt.

Zu Aufbau, Versmaß, Sprache und Stil kommt Fielitz zu einigen allgemeinen Feststellungen: Musik allerlei Art sei in die Handlung integriert, der Versbau locker und frei im „jambischen Senar", das Latein insgesamt den Stilvorbildern der „silbernen Latinität (Seneca, Tacitus, Martial, Juvenal und Lukan)" nachgebildet. Gretser mische „kirchlichen Fachwortschatz mit Elementen der antiken Komödie" und weiche „im Satzbau häufig von den Regeln des klassischen Lateins ab"[110]. Am Ende des Werkes müsse man sich eine deutlich formulierte Lehre vorstellen, ein Teil, der allerdings verloren sei[111]; der Epilog ist Fragment geblieben.

4.3   Aufbau der Timon-Bearbeitung Gretsers[112]

Das eigentliche Schaustück wird eingerahmt von einer Widmung, einem Prolog und dem Epilog, auf dessen Zielrichtung nur indirekt geschlussfolgert werden kann. Das Drama ist als Fünfakter konzipiert mit einigen Gesangs- und Tanzeinlagen im I. Akt, die sich damit rechtfertigen lassen, dass hier ein „typisches" Gelage beim (noch reichen) Timon dargestellt wird; aus dem Blickwinkel des Theatermannes Gretser (in I, 5) ist es auch eine Gelegenheit für musikalische Schüler, ihr Können in Gesang und Zitherspiel zu beweisen. In diesem Akt werden bereits alle Personen vorgestellt, die später nochmals auf Timon treffen werden, wenn sie sich von ihm abwenden (II) bzw. sich dem wieder reich gewordenen Mann erneut anbiedern wollen (V). Nach dieser „Exposition" bahnt sich mit dem Auftritt des Plutus (in I, 6) ein Umschwung an. Der Gott verlässt mit einer Strafrede auf den noch schwelgenden Timon dessen Haus. Konsequenterweise findet sich der Protagonist zu Beginn des II. Aktes völlig verarmt wieder; neben den sehr frustrierenden Begegnungen mit den früheren Freunden wird er von Paupertas und

[106] vgl. Fielitz, a.a.O., S.89.
[107] ebd.
[108] ebd., S.90.
[109] ebd.
[110] vgl. ebd., S.91.
[111] vgl. ebd., S.92.
[112] Eine Übersicht über die einzelnen Szenen (L) bzw. Akte und Szenen (G) befindet sich als Synopse im Anhang.

Labor zu mannhaftem Erdulden des neuen Lebens ermuntert. Seine Anstellung bei einem Bauern sowie die Begegnung mit den Parasiten führen mit dem Timon-Monolog in der 3. Szene des III. Aktes schließlich zum Höhepunkt bzw. zur Peripetie des Dramas in dem Sinne, dass hier die (man muss sagen erneute) Wende eingeleitet wird, denn nun wird der „angeklagte" Jupiter aufmerksam und es folgen im IV. Akt Szenen, die denen Lukians ähneln, abgesehen von den viel ausführlicheren Dialogen mit Paupertas und Timon um den Wert von Armut und Arbeit und die Gefahren durch die Wiedererlangung des Reichtums (IV, 4 – V, 3). Dies geht allerdings nicht ganz so schnell: Merkur und Plutus benötigen mehrere „Anläufe", um Timon zu überzeugen und zur Annahme des Schatzes zu bewegen, und auch Paupertas und Labor kehren noch einmal zurück, um Timon „bei der Stange zu halten" zu versuchen. Dieses „retardierende Moment" in Form eines hartnäckigen Kampfes um Timons Charakterfestigkeit endet mit der endgültigen Vertreibung Paupertas' und Labors durch Timon selbst. Danach sind es die Begleiterinnen Plutos', Desidies und Otium, die ihm erst eine Art misanthropischen „Auftrag" geben müssen, bevor er sich tatsächlich so entwickelt.

Da das Werk eine Komödie ist und bleiben soll, endet es mit lustigen, wie bei Lukian slapstickartigen Szenen, in denen die Bittsteller nun vertrieben werden. Die eigentlich „tragische" menschliche Katastrophe wird dadurch entlastet. Die abschließenden (und offenen) Fragen des Epilogsprechers:

Timonis quid nos prodigalitas monet?	*Wozu ermahnt uns die Verschwendungssucht Timons?*
Quid nimiae curae facti denuo divitis?	*Was sollen die allzu großen Sorgen von einem, der*
(Epilog, 8-9)	*von neuem reich gemacht wurde?*

verweist auf das moralische Monitum, auf das Gretser (noch abseits christlich-katholisch geprägter Wertekategorien) verweisen will.

4.4 *Reichtum und Armut im Vergleich:*
*Die erzieherische Funktion von **paupertas** und **labor***

Gretser begnügt sich nicht damit, die Übel des Reichtums anhand der Auseinandersetzung zwischen Jupiter und Plutus darüber, ob Timon erneut mit Schätzen zu beschenken sei, aufzuzeigen. Wenngleich er diesen Disput in den ca. 127 Versen der 3. Szene des IV. Aktes durchaus gründlich angeht, so scheint er doch neue, sich nur von der Idee her an Lukian anlehnende Schwerpunkte setzen zu wollen. Dazu gehören die ausführliche Präsentation Timons in seinem reichen, freigebigen Hause: Das, was Lukian lediglich in Reminiszenzen anklingen lässt, wird konkret (und illusionsdurchbrechend ausdrücklich als Bühnengeschehen[113]) vorgeführt - wofür im I. Akt allein 5 Szenen und 340 Verse benötigt werden – sowie gegen Ende die deutliche Betonung der Figuren Paupertas und Labor und die mit deren Auftreten verbundenen Auseinandersetzungen -

---

[113] „*scena*" (I, 3, 28); „*proscenium*" (IV, 1, 9).

auch zwischen Plutus und Merkur - um die mit diesen vermittelten moralischen Werthaltungen im Gegensatz zu der charakterlichen Dekadenz des Reichen, bis sich schließlich Desidies und Otium zurückmelden.

Dies sind im IV. Akt die Szenen 4-6 und im V. Akt die Szenen 1-3 mit insgesamt 194 Versen, die im Folgenden einer näheren Betrachtung unterzogen werden sollen.

4.4.1 Vierte Szene des vierten Aktes

Paupertas, aufgebracht darüber, dass Plutus zu Timon geführt wird, formuliert mit diesen Worten, welchen erzieherischen Wert Armut und Arbeit in sich tragen und wie förderlich sie sich auf den Charakter eines Menschen (hier Mannes) auswirken:

Hunc ad Timonem? Quem post mollis otia	*Zu diesem Timon? Den ich nach dem Müßiggang*
Vitae recipiens, strenuum feci virum. [...]	*eines bequemen Lebens aufgenommen und zu einem*
(IV, 4, 4-5)	*tüchtigen Mann gemacht habe (...).*
Studio iam vigili perpolitum sedulo	*Den mit Eifer schon und munterem Fleiß Vervoll-*
Ad pulchrum pulchrae virtutis decus, habilem	*kommneten, geeignet zur schönen Zier eines guten*
Ad vitam redditum virilorem et masculam.	*Lebens und wiedergegeben einem männlichen und*
(IV, 4, 10-13)	*mannhaften Leben.*

An Timon selbst, der bei diesem Disput unter Göttern offenbar noch unbeteiligt ist, lässt sich der Wandel vom bequemen Müßiggänger zum rechtschaffenen Arbeiter beobachten. Der Gegenposition, die von Merkur und Plutus vorgetragen wird, hat Gretser eine denkbar schwache Argumentation zugebilligt:

Cedere Paupertas te mandavit Jupiter.	*Jupiter befahl, dass du, Paupertas, gehen solltest.*
(IV, 4, 16)	

4.4.2 Fünfte und sechste Szene des vierten Aktes

Paupertas weicht scheinbar widerstandslos, und für Merkur und Plutus ist der Weg zu Timon frei. Timon reagiert auf den Besuch überaus aggressiv; selbst als sie sich als Götter im Auftrag Jupiters ausweisen und ihm den neuen Reichtum ankündigen, bleibt er standhaft:

Iam iam plorabitis licet sitis Dii,	*Ihr werdet bald schon klagen, möget ihr auch Götter*
Homines odi Deosque	*sein. Ich hasse Menschen und Götter.*
(IV, 4, 18-19)	

Interessant ist an dieser Stelle, dass Timon sowohl Menschen- als auch Götterhass formuliert, letzterer wird jedoch nicht konsequent beibehalten, wie sich am Ende dieser Phase des Stückes zeigt, wenn er den gefundenen Schatz und wenig später Desidies und Otium begrüßt:

Age ligo, vires explicas tuas, neque	*Los, Hacke, entfalte deine Kräfte, und ermüde nicht,*
Iam defetiscare nisi terrae ex abditis	*außer nachdem aus den Tiefen der Erde der Schatz*
Effosso thesauro, quem Jupiter pius	*ausgegraben worden ist, den der gnädige Jupiter mir*
Mihi misit grandem miseratus inopiam meam.	*geschickt hat, der mit meiner großen Not Mitleid*
O Jupiter o caelestis, quid hoc rei?	*hatte.*
Facinus intueor hodie mirificissimum,	*O Jupiter, O Götter, was bedeutet dies? Ich erblicke*
Incredibilissimum, pulcherrimum tamen,	*heute eine äußerst wunderbare und unglaubliche*
Mihique exoptatissimum, unde tanta vis	*Sache, dennoch sehr schön und mir erwünscht, woher*
Flavae monetae?	*[kommt] eine so große Menge an Goldmünzen?*
(V, 1, 49-57)	

An dieser Stelle ist zu spüren, dass zumindest bei Timon die moralische Lehre, die Gretsers Stück geben will (oder soll), nicht dauerhaft genug war, und in der Folge muss dann doch Timon als verabscheuungswürdiges Ekel erscheinen, obwohl er ja gerade durch seine vorherige Standhaftigkeit und beschworene Dankbarkeit und Treue gegenüber Paupertas in den Szenen zuvor die Sympathie des Publikums gewonnen hatte:

[...] *Tibi Paupertas optima* *Quod vivo, spiro, quod iubare solis fruor* *Tuoque gnato acceptum refero* [...]	*Dir, beste Paupertas, und deinem Sohn, verdanke ich,* *dass ich lebe, atme, und das strahlende Licht der* *Sonne genieße* [...]

(IV, 6, 21-23)

[...] *vos eruditis me dignissimis* *Laboris viro* (…)	*Ihr habt mich mit den eines Mannes würdigsten* *Arbeiten erzogen* [...].

(IV, 6, 25-26)

Vos opibus me beastis, quas nullus Colax *Adulans surripiat, aut quas fur auferat,* *Stabilibus, fidis, certis, non temerariis* *Fluxis caducis et duntaxat unius* *Diei interdum, quid diei? Horae unius.*	*Ihr habt mich mit Reichtümern beglückt, die kein* *schmeichlerischer Schmarotzer wegnehmen oder ein* *Dieb hinfort tragen kann, nämlich mit beständigen,* *zuverlässigen, sicheren, nicht zufälligen, schwanken-* *den, verfallenden, die zuweilen nicht mehr als einen* *Tag bestehen. Wie, einen Tag? Eine Stunde!*

(IV, 6, 29-33)

Mit diesen geradezu klassisch eindringlichen Worten beschreibt Timon sich selbst (und dem Publikum), wie sehr er sich inzwischen gewandelt habe und welchen Gewinn innerer Reichtum und die Loslösung von Schmeichelei und Betrug, damit von oberflächlichen zwischenmenschlichen Beziehungen mit sich bringe. Da er sich inzwischen seinen Lebensunterhalt zur Genüge durch ehrliche Arbeit verschaffen kann, scheint der Weg zu einem glücklichen und sorgenloseren Leben frei.

An dieser Stelle formuliert er auch den (oben angedeuteten) Treueschwur:

Vos non relinquam sed peremni vinculo *Indissolubilique mihi devinciam* *Nexu.*	*Ich werde euch nicht verlassen, sondern mit immer-* *während der Fessel und mich mit einer unauflöslichen* *Schuldverpflichtung euch zu eigen machen..*

(IV, 6, 34-36)

Aber Timon, der jetzt am Ende des IV. Aktes eindeutig zum Vorbild geworden ist, darf es nicht bleiben. Hier könnte ja das Schauspiel mit der bewussten Entscheidung für ein einfaches, armes, aber arbeitsames und damit „gottgefälliges" Leben enden, wenn nicht der antike Mythos und Lukians Timon dem entgegengestanden hätten – Timon erscheint bei Gretser so charakterfest und zum wahren Mann gereift, dass das bittere Ende geradezu erzwungen werden muss.

4.4.3 Erste Szene des fünften Aktes

Im Gespräch mit Merkur ist der immer skeptische Plutus im Grunde erleichtert, dass Timon einen neuen Reichtum so rigoros ablehnt. Beiden ist bewusst, dass sie Timon wirklich zwingen müssen die Gabe Jupiters anzunehmen, sie selbst unterliegen ja dessen Befehl und können ohne seine Erfüllung nicht zurückkehren:

Haud, Plute, superas nobis fas est ad domus
Remeare, nisi paremus iussui Jovis.
(V, 1, 1-2)

Wir haben nicht das Recht, Plutus, zu den himmli-
schen Wohnstätten zurückzukehren, wenn wir nicht
dem Befehl Jupiters gehorchen.

Eigentlich sind sie schon gescheitert, aber man kann es ja noch mal versuchen, um ganz sicher

zu gehen, dass man an der unerwarteten Entwicklung der Dinge nicht schuld sei:

[…]   *Fateor haud invitum condecet*
Cogere. Sed quo securiores Plute nos
Simus, faciamus denuo periculum
(V, 1, 9-11)

Ich gestehe, dass es sich nicht ziemt, einen Unwilligen
zu zwingen. Aber damit wir umso abgesicherter sind,
Plutus, lass es uns noch mal versuchen.

Gretser glaubt vielleicht, er könne „seinen" edlen Timon quasi „retten", wenn er ihn in der Folge

als Opfer darstellt, das von den Göttern in eine ihm verhasste Lage gebracht wird, als Objekt

irgendwelcher Ratschlüsse, und als erstes bekommt er bei der zweiten Begegnung mit den Göt-

tern zu hören, er hätte lieber früher ein Misanthrop sein sollen statt jetzt ein Misotheus:

[…]   *Decebat forsitan*
Misantropum te fieri, quippe qui tibi
Damnorum tot fuissent auctores, Duces.
Misothon vero fieri te nullo modo
Par est […].
(V, 1, 17-21)

Es ziemte sich vielleicht, dass du ein Misanthrop
wurdest, der du da freilich so viele Förderer und
Führer für die Verluste gehabt hattest, dass du aber
ein Misotheus wurdest, ist [ihnen] in keiner Weise
angemessen.

Das Argument, man dürfe Jupiters Geschenke nicht ablehnen, entscheidet nach vehementer

Ablehnung seitens Timons schließlich die Debatte, er muss seinem gewonnenen festen Charak-

ter untreu werden und „sehenden Auges" in sein Unglück gehen:

Parendum est ditescendumque mihi o Mercuri
Nam quid agas rogo magnis Diis cogentibus.
Tamen vide in quas me coniicias miserias,
Me inquam, qui vixi in agro felicissime,
Curas innumeras dans cum thesauro simul.
Timores multos, suspiciones plurimas
Quitem quae me capere non umquam sinant.
(V, 1, 36-42)

Ich muss gehorchen und reich werden, o Merkur, denn
was kann man tun, frage ich, wenn die großen Götter
einen zwingen. Dennoch siehe, in welches Unglück du
mich stürzt, mich, sage ich, der ich äußerst glücklich
auf einem Acker gelebt habe, weil du mir mit dem
Schatz zusammen unzählige Sorgen gibst; viele
Ängste, zahlreiche Verdächtigungen, die mich niemals
Ruhe finden lassen.

Sobald er aber des neuen, soeben ausgegrabenen Schatzes ansichtig wird, sind alle diese Klagen

und Anwandlungen verflogen.

4.4.4 Zweite Szene des fünften Aktes

Ganz anders gestaltet sich daher die zweite Begegnung mit Paupertas, die ihn des Wahnsinns

beschuldigt und ihm die kommenden Gefahren plastisch ausmalt:

O, Timon, Timon, quae dementia fascinat
Te mentemque tuam? quae Furiae candentibus
Te facibus insequuntur ut periculis
Tete committas pristinis […]
(V, 2, 1-4)

O Timon, Timon, welcher Wahnsinn behext dich und
deinen Verstand? Welche Furien verfolgen dich mit
hell glühenden Fackeln, sodass du dich den früheren
Gefahren wieder aussetzt [...]

Timon verjagt Paupertas:

Abito mala bestia […]
(V, 2, 11)

Geh weg, schlimme Bestie [...]

der nur noch das Bedauern über diesen (wieder) so zum Üblen verwandelten Menschen bleibt.

Honores mutant mores vulgo dicitur.　　„*Ehren verändern die Sitten,*" *wird im Volk gesagt.*
Perituro paulo post Timon Thesaurulo　*Wie hat sich Timon aufgebläht, nachdem er durch den*
Ditatus ut intumuit?　　　　　　　*Schatz, der kurze Zeit später wieder vergehen wird,*
　　　　　　　　　(V, 2, 14-16)　*bereichert wurde?*

4.3.5　Dritte und vierte Szene des fünften Aktes

Der Reichtum hat Timon schnell erneut korrumpiert, diesmal jedoch mit negativen Folgen für die Mitwelt. Nach der Begrüßung der „lieblichen" Gottheiten Desidies und Otium

　[…]　　　　　　　*Et vos, mellitissima*　　*Auch Ihr seid gegrüßt, allerliebste Gottheiten.*
　Numina, salvete.
　　　　　　　　　(V, 3, 1-2)

und deren Rat, sich zum Menschenfeind zu wandeln:

　Procul omnes abs te Timon mortales fuga.　　*Jage alle Sterblichen weit von dir, Timon.*
　Nil tibi cum quoque sit consortii, nisi　　　*Habe mit niemandem, mit wem auch immer, Umgang,*
　Cum Pluto, Plutique comitibus […]　　　　*außer mit Plutus und mit den Begleitern des Plutus*
　　　　　　　　　(V, 3, 12-14)　　[...]

folgt die rigorose Ablehnung der Menschen:

　Vitae seiunctio, necnon fastidium　　　*Die Absonderung [meines] Lebens und die Verach-*
　In mortales quicum sunt, nihil moror.　*tung aller Sterblichen, welcher auch immer, sind mir*
　Sodalis, amicus, hospes, misericordiae　*gleich.*
　Altare, nugae sint et fabulae merae.　　*Der Kamerad, Freund, Gastfreund, der Opferherd der*
　　　　　　　　　　　　　　　　　Barmherzigkeit sind nur Possen und Mären.
　　　　　　　　　(V, 4, 14-17)

Timon ist reich, aber zufrieden und glücklich wird er nie mehr werden. Unerbittlich muss er seinen Schatz bewahren, er, der Unglückliche, muss Unglück schaffen für alle, die sich ihm nähern.

5　Lukians und Gretsers „Timon" – Ein Vergleich

Lukian ist ein Satiriker, und Gretser ist – bei aller Liebe zum komödiantischen Stil und Spiel[114] - ein Moralist. Nicht nur, dass er im Epilog zur Reflexion über das Gesehene und Gehörte bittet (s.o.), das ganze Stück Gretsers durchzieht eine Verurteilung des Reichtums und reicher Leute, und die Chance, einen in Armut und durch Arbeit gestählten Mann zu zeigen, wird so weit wie möglich ausgebreitet, bis sich die Umkehr nicht mehr aufhalten lässt. Timon ist von Anfang an ein Getriebener; seine Eitelkeit verlangt von ihm Freigebigkeit nicht um ihrer selbst willen oder um mehr oder weniger in Not Geratenen zu helfen, sondern er will sich in diesem Tun der Welt zeigen und deswegen geachtet werden:

　Qui liberalem predicari me volo　　　*Mir, der ich überall in der Welt als freigebig gerühmt*
　Ubique gentium, monere condecet,　*werden will, geziemt es zu mahnen, nicht zu bitten.*
　Non supplicare.
　　　　　　　　　(I, 2, 29-31)

---

[114] Man beachte z.B. die Scherzverse im Wechselgesang der Parasiten (I, 5, 113-135).

Genau dieser Wesenszug kehrt ihm am Schluss wieder, und da soll ihm der neu gewonnene Reichtum ebenfalls Beachtung einbringen, sodass er richtig erleichtert ist, als endlich einer der früheren Freunde herankommt, es ist Philotimon, den er sogleich wegen seiner Treulosigkeit in „Misotimon" umbenennt.

Quam vellem cunctis esse cognitas meas
Opes, hoc etenim multos praefocaverit.
Sed ecce quod cupido hoc adeptus sum illico.
Accurit nescio quis anhelus, pulvere
Corpus consistus, est Philotimon [...]
[...] primus dabit
Poenas perfidiae Misotimon improbus.
(V, 4, 42-46; 48-49)

Wie sehr wollte ich, dass allen meine Reichtümer bekannt seien, dies nämlich hätte viele erwürgt. Aber siehe, was ich wünsche, habe ich auf der Stelle erreicht. Es eilt einer, ich weiß nicht wer, keuchend herbei, am Körper mit Staub bedeckt; es ist Philotimon [...] er als böser Misotimon wird als erster für seine Treulosigkeit büßen.

Dieses Motiv, den Athenern den Reichtum möglichst zu zeigen, diesmal aber mit der Absicht, sie vor Neid erblassen und jede Hoffnung auf Teilhabe aufgeben zu lassen, ist auch bei Lukian gegeben. Ein anderes Moment lässt es aber bei Gretser als wesentlich bedenklicher ausfallen als bei Lukian, denn der antike Dichter verzichtet auf eine gründliche Ausarbeitung der Figur der Penia (Paupertas), die dort zwar gleich von zwei Helfern umgeben ist – Sophia und Ponos – und die sich auch in ähnlicher Weise darüber beklagt, dass ihr Timon nun wieder entrissen werde, die aber dann sofort abtritt und keine Veranlassung sieht, direkt (und mehrmals) auf Timon einzuwirken. Gretser macht aus der Göttin eine Ratgeberin, die bereits früh erscheint, Timon in seiner neuen Lage begrüßt und ihm anrät, ihr gehorsam zu folgen (II, 2), später dann eine keifende Alte, die glaubt, mit allerlei Mahn- und Strafreden zurückholen zu können, was doch schon längst verloren ist (IV, 4, 6; V, 2). Diese dramaturgischen Volten sind damit nur deswegen „nötig", um der Satire das ernsthafte moralische Anliegen aufzusetzen, das der asketischen Tradition des benediktinischen „ora et labora"[115] folgt.

Noch ein weiterer Aspekt verdeutlicht, dass Gretser seine Schulbühne als „moralische Anstalt" sieht – nicht nur durch die Vorführung positiver und negativer Verhaltensweisen, deren Folgen gewissermaßen „spielerisch" erlebt werden können, sondern auch dadurch, dass das Theater Gretsers gänzlich ohne die Erwähnung von Frauen auskommt[116]:

Bei Lukian werden neben „Parasiten und Schmeichlern" und „Dirnen"[117] erwähnt, die den Gelagen Timons beiwohnten, ferner wird der Reichtum durch Plutos mit einem „hübschen jungen Mädchen"[118] (Sz. 4) verglichen, das man heirate und bei dem man „sich der ehelichen Rechte bedienen"[119] solle etc. - geringe, aber doch deutliche Hinweise auf ins Erotische zielende Gedankengänge. Als weiteres Beispiel sei die von ihrem Vater Akrisios eingesperrte Danaë

---

[115] *laborare*: arbeiten, auch: leiden, leiden an, sich anstrengen, in Not sein und sich abmühen.
[116] Abgesehen von Paupertas, der aber naturgemäß jeglicher erotische Reiz fehlt.
[117] παρασίτοι[] καὶ κόλα[κες] καὶ ἑταίραι[],Lukian, a.a.O., 12.
[118] γυν[ἡ] νέα[] καὶ καλἡ[], Lukian, a.a.O., 16.
[119] εἰς τὴν οἰκίαν νόμῳ παραλαβὼν, Lukian, a.a.O., 17.

genannt, die Lukian zweimal erwähnen lässt: zum einen durch Zeus, der Plutus vorhält, er wolle doch wohl nicht wie diese in einem eisernen Kämmerchen und unberührt dahinvegetieren (Sz. 4), zum anderen durch Timon, der den Schatz mit den oben erwähnten Worten vom „golden gewordenen Zeus"[120] begrüßt (Sz. 9).

Darüber hinaus gibt es eine auf den homoerotischen Bereich zielende Wendung (die z.b. Wieland sich wörtlich zu übersetzen verkneift), hier geht es um eine reiche Erbschaft, die sich ein ehemaliger „Liebling" auf diese Weise quasi „verdient" haben mochte (Sz. 5).

Es ist fast müßig zu sagen, dass Gretser solche Vergleiche und Anspielungen unterlässt; bei Timons Gelage sind es Freunde und (männliche) Musikanten (Prolog); und wenn auch Danaë im Gespräch Merkurs mit Plutus erwähnt wird[121], so wird aus dem goldenen Regen in ihren Kerker bloßes Licht:

[...] *ut dicebas clavibus, repagulis*	[...] *wie du sagtest, schlossen sie dich Armen mit*
Et vectibus te miserum sic concluderent	*Schlüsseln, Gattern und Türriegeln so ein, dass du*
Usura lucis ut numquam possis frui.	*niemals das Licht genießen wirst.*

(IV, 2, 40-42)

Gretsers Timon begrüßt den Schatz nicht wie Danaës Schoß den goldenen Regen, sondern das Erscheinen von Desidies und Otium. Eine homoerotische Anspielung fehlt natürlich auch.

Timon ist bei Gretser das Beispiel eines Menschen, an dem die erzieherischen Funktionen von Armut und Arbeit vorbeigehen, allerdings sind die Szenen und Ansprachen der Paupertas so deutlich und langatmig, Timon ist (zunächst) so überzeugt von dem durch sie erworbenen zufriedenen und gesunden Leben, dass zumindest die Zuschauer, mehr noch die Schüler, die sich den lateinischen Text aneignen mussten, die diesen Szenen innewohnende moralische Stärke gespürt haben könnten. Es mag sein, dass darin die eigentliche Stoßrichtung des Dramas liegt, die die im Epilog gestellten Fragen (s.o.) noch einmal aufnehmen wollen.

Ganz anders verhält es sich bei Lukian. Der Armut und dem Zwang zur Feldarbeit haftet keine Würde an; arme Menschen, Bettler sind selten Objekt des Mitleids, wenn man ihnen auch Almosen zugesteht. Noch nicht einmal diese hat Timon von den ehemaligen Freunden erhalten, sie kennen ihn nicht mehr.

Die Komödie zieht aber ihre satirische Stoßrichtung nicht aus diesem (eigentlich sozialökonomischen) Motivbündel, sondern aus der Gelegenheit, aus dem Munde dieses Unwürdigen höchst unterhaltsame Reden gegen Jupiter und seine abgestumpften Machtmittel, gegen allerlei Philosophen und Dichter sowie allgemein in den Reden der Götter untereinander deren „Meinung" über die Menschheit formulieren zu können, und man muss sagen, beide Seiten „kommen nicht

---

[120] πείθομαί γε καὶ Δία ποτὲ γενέσθαι χρυσὸν, Lukian, a.a.O., 42.
[121] Allerdings nur als Beispiel für harte Gefangenschaft.

gut weg", so sehr sind zwischen der Menschen- und Götterwelt die Ressentiments und Enttäu-
schungen aufgeladen.

Über Lukians Timon ist man amüsiert, über Gretsers Timon empört.

6 Beispiele der Auseinandersetzung mit dem „Reichtum" bis heute

Die Behauptung, Reichtum und Armut seien Kernthemen gesellschaftlicher Auseinandersetzun-
gen und Hauptgründe ökonomischer, sozialer und politischer Konflikte, ist sicher nicht aus der
Luft gegriffen, gleichzeitig aber ein Aspekt, der hier nicht ausführlich erörtert werden kann.
Dennoch seien zum Schluss einige sozioökonomische und literarische Beispiele erwähnt, die zur
Timonlegende passen.

Timon, in die heutige Zeit versetzt, würde nach „Armutsberichten" zu den 10% der Menschen
zählen, die über 50% des „gesamten Nettovermögens" verfügen[122]. Aber selbst wenn sie wollten
– ändern ließe sich dieser Zustand im Prinzip nicht. Timon würde sich heute moralisch einwand-
frei verhalten, wenn er (wohlgemerkt: nur) einen Teil seines Reichtums für mildtätige Zwecke
spenden würde; allerdings müsste er die ökonomische Basis unangetastet lassen, sogar deren
Vermehrung anstreben (Wachstumsprinzip). Solcher Reichtum liegt ja auch nicht als „Bargeld"
oder „Schatz" vor, auf den als Zahlungsmittel zurückgegriffen werden könnte, sondern trägt
seine Funktion innerhalb des kapitalistischen Verwertungsprozesses, was nichts anderes ist, als
dass das Kapital durch „Ausbeutung" menschlicher Arbeitskraft einen „Mehrwert" erwirtschaf-
tet, wie dies führende Nationalökonomen bis hin zu Marx und Engels nachgewiesen und beschrieben haben. Dass dabei die „Kapitalisten" auch vom Lebensstandard her an oberster Stelle
sitzen (können[123]), ist dabei eigentlich banal und Ergebnis von Ungleichheiten und Verteilungs-
ungerechtigkeiten, die– v.a. im Bereich der materiellen Verfügungskraft – immer wieder dort,
wo sie nicht durch sozialen Ausgleich, sprich politische Steuerung, beherrscht werden, in revo-
lutionäre Gewalt münden können. Deutlich haben Marx/Engels im 19.Jh. diese Zusammenhänge
beschrieben und den „Pauperismus" als Triebfeder der sozialen Revolution bezeichnet[124]. Der
Grund liege in ökonomischen Gesetzmäßigkeiten: „Die Bourgeoisie hebt mehr und mehr die
Zersplitterung der Produktionsmittel, des Besitzes und der Bevölkerung auf. Sie hat die Bevöl-

---

[122] Die Reichen [in Deutschland] werden immer reicher und besitzen 53 Prozent des Gesamtvermögens. Das geht aus dem
vierten Armuts- und Reichtumsbericht der Bundesregierung hervor. [...] Der Reichtum ist jedoch überaus ungleich verteilt: So
besitzen „die vermögensstärksten zehn Prozent der Haushalte über die Hälfte des gesamten Nettovermögens". [...] Anders bei
der unteren Bevölkerungshälfte: Sie besitzt nur ein Prozent des gesamten Nettovermögens. Quelle: ZEIT Online: Armutsbericht
des Bundesministeriums für Arbeit, September 2012 (siehe Literaturverzeichnis).
[123] Es gibt ja auch das Beispiel des asketischen Kapitalisten - bereits bei Lukian angedeutet - des lebensfeindlichen Geizhalses,
den Charles Dickens als „Scrooge" in seiner „Weihnachtsgeschichte" vorführt, welcher allerdings ganz im Sinne Dickens' eine
Wandlung erlebt.
[124] Karl Marx / Friedrich Engels: „Manifest der Kommunistischen Partei", 1848. „Der Arbeiter wird zum Pauper, und der
Pauperismus entwickelt sich noch schneller als Bevölkerung und Reichtum."

kerung agglomeriert, die Produktionsmittel zentralisiert und das Eigentum in wenigen Händen konzentriert"[125].

Damit ist gesagt, dass der Reichtum irgendwie erarbeitet worden ist, und sei es durch eine einmalige Geschäftsidee, und dass auch dafür gesorgt wird, dass die zugrunde liegende ökonomische Potenz erhalten bleibt. Unter diesen Umständen kann der Kapitalist (der ja im Grunde meist bereits als in Aktiengesellschaften zersplitterte „Anteilseigner" erscheint und dessen Funktion Manager übernehmen) auch als „sozial" erscheinen, wenn er „Arbeitsplätze schafft" und den Zustand der „Ausbeutung", so wie er sich im sogenannten „Manchesterkapitalismus" zeigte, möglichst unsichtbar werden lässt, ein Bemühen, das um die Gefahren sozialen Unfriedens weiß und deshalb inhumane Arbeitsstellen lieber „globalisiert", als sie der eigenen Bevölkerung zuzumuten.

Mit „Timon" hat das alles nichts zu tun, denn über die Herkunft seines Reichtums gibt es kaum Angaben, es sei denn in der Äußerung des Plutos, wonach bereits der Vater reich gewesen sei (s.o.). Fast möchte man ihn in dem „baronisierten Bürger" Gellerts wiedererkennen, der durch eine Erbschaft zum Millionär wird, allerlei eingebildete Verhaltensweisen der „Großen" nachahmt, und sich endlich zu „der Schmeichler Mäzenat" aufschwingt. Wie Timon ereilt diesen das Schicksal der Verarmung, denn er „[…] ward sinnreich im Verschwenden / Und sah in kurzer Zeit sein Gut in fremden Händen". Noch einmal erhält dieser „Baron" allerdings nichts, er „starb arm und unberühmt"[126].

Auch Timon arbeitet nicht, jedoch erhält er durch die plötzliche Verarmung, bei Gretser symbolisiert durch die Allegorie des das Haus verlassenden Plutus, die Chance, das Arbeiten und die verantwortliche Sorge für seinen Lebensunterhalt zu erlernen. Erwartet man aber, dass er seinen wider Erwarten neu gewonnenen Schatz als Kapital investieren und zur Grundlage einer darauf gründenden Erwerbstätigkeit machen würde, so wird man hier wieder enttäuscht. Das einzige Geschäft, das er tätigen will, ist der Kauf des Grundstücks, mit dem Gold will er sich in einen darauf zu errichtenden Turm zurückziehen[127].

In einem übertragenen Sinne könnte der auf diesem Acker gefundene „Schatz" auch in den reichen Früchten der Feldarbeit gesehen und so eine symbolische Deutung gefunden werden. Durch ehrliche Arbeit erworbener Reichtum ist nachhaltiger als bloße Geldmittel. Zu einer solchen Deutung würde aber die Misanthropie nicht passen – sie liegt wohl nicht im Vorstellungsbereich der Autoren.

Der Gedanke der Anerkennung eines quasi voraussetzungslosen Reichtums ist sozial und kulturell überholt; die Frage nach den Menschen, die den „Mehrwert" schaffen (ohne ihn sich selbst

---

[125] ebd.

[126] Christoph Fürchtegott Gellert (1715-1769): Der baronisierte Bürger.

[127] Ein Beweis, dass die Idee, auf einem Hügel einen uneinnehmbaren Geldspeicher zu errichten, so neu nicht ist.

„aneignen" zu können), wurde und wird gestellt. Reiche Leute können sich Ansehen nur dann verschaffen, wenn sie ihn „zum Wohle der Allgemeinheit"[128] verwenden, nicht nur durch die Schaffung von Arbeitsplätzen, sondern auch durch höhere Abgaben: „Reichtum verpflichtet" titelt die ZEIT (Nr.36 v. 1-9.2011, S.23) und zitiert auch solche Wohlhabende, die geradezu danach verlangen, der Staat möge ihnen „mehr wegnehmen".

Vielleicht ist das der richtige Weg zwischen Verschwenden, Teilen und Bewahren.-

---

[128] Grundgesetz der Bundesrepublik Deutschland, Art.14 (2): „Eigentum verpflichtet. Sein Gebrauch soll zugleich dem Wohle der Allgemeinheit dienen."

7 Verzeichnis der verwendeten Literatur

Textausgaben:

Gretser, Jakob: *Timon. Comoedia imitata ex dialogo Luciani qui Timon inscribitur.* In: Fielitz, Sonja: Jakob Gretser, Timon, Comoedia Imitata (1584): Erstausgabe von Gretsers Timon-Drama. Mit Übersetzung und einer Erörterung von dessen Stellung zu Shakespeares Timon of Athens. München 1994.
Lukian von Samosata: TIMΩN H ΜΙΣΑΝΘΡΩΠΟΣ, Luciani Opera I, Libelli 1-25, Oxford 1972.
Plutarch: ΑΛΚΙΒΑΔΗΣ, In: Plutarchi vitae parallelae, ed. K. Ziegler: Vol. I,2 Leipzig 1994.
Plutarch: ΑΝΤΩΝΙΟΣ, In: Plutarchi vitae parallelae, ed. K. Ziegler: Vol. III,1 Leipzig 1971.

Sekundärliteratur:

Bertram, Franz (Diss.): Die Timonlegende, eine Entwicklungsgeschichte des Misanthropentypus in der antiken Literatur. Heidelberg 1906.
Dürrwächter, Anton: Jakob Gretser und seine Dramen. Ein Beitrag zur Geschichte des Jesuitendramas in Deutschland. In: Erläuterungen und Ergänzungen zu Janssens Geschichte des deutschen Volkes, Bd. IX, 1. u. 2. Heft), Freiburg i. Brsg. 1912.
Fielitz, Sonja: Jakob Gretser, Timon, Comoedia Imitata (1584): Erstausgabe von Gretsers Timon-Drama. Mit Übersetzung und einer Erörterung von dessen Stellung zu Shakespeares Timon of A-thens. München 1994.
Grözinger, Gerd: Von der Philosophie zur Psychoanalyse des Geldes. In: Jürgen Backhaus / Hans-Joachim Stadermann (Hrsg.): Georg Simmels Philosophie des Geldes. Einhundert Jahre danach. Marburg 2000. [Aufsatzsammlung], S.143-184.
Hertel, Gerhard: Die Allegorie von Reichtum und Armut. Ein aristophanisches Motiv und seine Abwandlungen in der abendländischen Literatur. In: Erlanger Beiträge zur Sprach- und Kunstwissenschaft, Bd. 33, Nürnberg 1969.
Lukian von Samosata: *Timon.* In: Lügengeschichten und Dialoge. Aus dem Griechischen übersetzt und mit Anmerkungen und Erläuterungen versehen von Christoph Martin Wieland. Nach der Erstausgabe von 1788/89.
Mesk, Josef: Lukians Timon. In: Rheinisches Museum für Philologie, Bd 70, Köln 1915, S.107-144
Plutarch: Große Griechen und Römer. Herausgegeben und übersetzt von Dagobert von Mikusch. Berlin 1935 [Nachdruck Köln 2009].
Simmel, Georg: Philosophie des Geldes. Berlin ⁶1958.
ZEIT Nr.36 v. 1-9.2011, S.23.

Verzeichnis der verwendeten Weblinks:

[Spiegel Online]
http://www.spiegel.de/kultur/gesellschaft/wettbewerb-habseligkeiten-ist-schoenstes-deutsches-wort-a-324670.html (abgerufen am 20.8.2012)
[Spiegel Online]
http://www.spiegel.de/karriere/berufsleben/skurriler-beruf-berater-fuer-lottogewinner-gibt-millionaeren-ratschlaege-a-849325.html (abgerufen am 20.8.2012)
[Webseite des Landesmuseums Trier]
http://www.landesmuseum-trier.de/de/home/ausstellungen/archiv/armut-in-der-antike.html (abgerufen am 21.8.2012)
[ZEIT Online: Armutsbericht des Bundesministeriums für Arbeit, September 2012]
http://www.zeit.de/wirtschaft/2012-09/armuts-und-reichtumsbericht-2012 (abgerufen am 22.8.2012)

Synopse zur szenischen Gliederung des Timon bei Lukian und bei Jakob Gretser

Szene	Lukian: Timon-Dialog [-] = originale Einteilung	Akt Szene	Jakob Gretser: Timon
			Widmung Gretser widmet das Stück als die „erste Geburt (seines) Geistes" dem Jesuitenpater Petrus von Leuven.
			Prolog Der Prologsprecher begrüßt die Zuschauer, die „Gebildeten" und die „Ungebildeten". Es folgt eine kurze Zusammenfassung des Stückes.
		I, 1	**Timon (Monolog)** Timon beschreibt sein Glück im Reichtum, seine dadurch möglichen Genüsse und seine Großzügigkeit, die alle zu seinen Freunden mache.
		2	**Philotimon, Timon, Ephestius** Die beiden Freunde kommen mit Schmeicheleien und Klagen über finanzielle Engpässe, die Timon umgehend behebt; er lädt beide zum Essen ein.
		3	**Gastrophilus, Gnatonides, Gemoenus** (Parasiten) Anders als die beiden vorigen sind die Parasiten nicht in wirklicher Geldsorge. Sie wollen den großzügigen Timon übertölpeln.
		4	**Hebaeus, Hylas, Acmaeus, Terpsander** (Sänger), **Delcterius, Arion** (Zither) Die Sänger und Musiker begegnen sich zufällig, sie haben von Timon gehört und wollen ihre Dienste beim Gelage anbieten. Dabei rechnen sie mit guter Bezahlung.
		5	**(alle vorigen), Dyrcaeus** (Mundschenk) Erneut preist Timon seinen Reichtum. Alle begrüßen ihn und beginnen launige Gespräche. Es folgen die Auftritte der Musiker mit einer „sapphischen Ode auf Plutus", einem Gesang auf Bacchus sowie einem „pyrrhichischen Hyporchema in Oktonaren", ebenfalls auf Bacchus. Timon bezeichnet diesen Tag als den „beglückendsten", er bezahlt und belohnt alle, bevor sich die Gesellschaft „nach innen" begibt.
		6	**Plutus, Desidia und Otium (beide stumm)** Plutus stellt sich selbst vor, er entfernt sich mit Schimpfreden aus dem Haus Timons. Diesem wird eine üble Zukunft prophezeit.

II, 1	**Timon (Monolog), dann Gastrophilus, Gnatonides, Gemoenus**	Timon findet sich in größtem Elend, in quälendem Kontrast zum früheren Leben wieder. Die herannahenden Parasiten beschreiben sein elendes Äußeres und biegen grußlos ab. Timon ruft ihnen Flüche hinterher.
2	**Paupertas, Labor**	Als künftige Ratgeberin Timons schickt Paupertas ihm ihren Sohn Labor zur Seite, denn er werde weder betteln noch stehlen, wie es Menschen mit „verwerflicher Einstellung" zu tun pflegten.
3	**Paupertas, Labor, Timon**	Paupertas begrüßt Timon, der nun Armut und Arbeit annehmen und nicht jammern solle. Sein neues Leben werde ihm bald besser gefallen als das alte.
4	**Ephestius, Timon**	Ephestius überlegt, wie er Timon gegenübertreten soll. Als er einer Begegnung nicht ausweichen kann, stellt er sich, als kenne er ihn nicht.
5	**Timon, Philotimon**	Ausführlich beklagt Timon diese Zurückweisung. Mit Philotimon muss er jedoch die gleiche Erfahrung machen.
III, 1	**Marsias, Getomus (Bauern), dann Timon**	Marsias beklagt den Verlust des „Goldenen Zeitalters" und die beschwerliche Arbeit. Getomus rät ihm, einen Tagelöhner einzustellen, und sie wählen Timon, den sie am Marktplatz sehen.
2	**Gastrophilus, Gnatonides, Gemoenus**	Die Parasiten sprechen über die Zeit, die seither vergangen sei (fast 1 Jahr), und Timons Zustand, den sie zum Acker seines Herrn gehen sehen. Sie fliehen, um einer Begegnung zu entgehen.
3	**Timon (Monolog)**	Klage über den (scheinbar) untätigen Zeus und das eigene akute Elend.
4	**Jupiter, Mercurius**	Jupiter befragt Merkur, wer jener Mensch sei, den er dann als den „*außerordentlich reichen, vortrefflichen, wohlgestalteten und charakterfesten Timon*" wiedererkennt. Merkur beschreibt, was geschehen ist. Obwohl Jupiter den Versuch Timons missbilligt, die Götter zur Verantwortung zu ziehen, will er ihn erneut mit Plutus' Hilfe reich machen, jedoch vor allem, um die Parasiten mit Neid zu bestrafen.
5	**Mercurius (Monolog)**	Merkur kritisiert die Nachgiebigkeit Jupiters, muss sich aber gleichwohl auf die Suche nach Plutus begeben.
(1)	**Timon (Monolog) [1] [2] [3] [4] [5] [6]**	Klage über den (scheinbar) untätigen Zeus und das eigene akute Elend.
(2)	**Zeus / Hermes [7] [8] [9] [10]**	Gespräch über Timon und seine Lage; Auftrag, ihm durch Plutos seinen Reichtum zurückzugeben.
(3)	**Hermes (Monolog) [11]**	Kritik am Erfolg von Timons lautstarken Reden.

IV, 1	**Mercurius, Plutus** Nach mühsamer Suche findet Merkur Plutus, der jedoch nicht folgen will (es aber dennoch tut).
2	**Mercurius, Plutus, Jupiter** Ausführliche Argumentation Plutus' und Jupiters zu Sinn und Zweck der Idee, Timon erneut reich zu machen, bis hin zu der Versicherung Jupiters, dass Timon sein Verhalten geändert haben werde. Plutus muss schließlich unter der Führung Merkurs zu Timon gehen.
3	**Mercurius, Plutus** „Wandergespräch" Merkurs und Plutus' zum Thema des Hinkens, der Blindheit und Hässlichkeit Plutus' sowie weiterer „Mängel", die dennoch alle durch *„Täuschung und Unwissenheit"* übersehen würden. Am Ende des Gesprächs erreichen sie Timon.
4	**Paupertas, Mercurius, Plutus (stumm)** Paupertas beklagt sich darüber, dass ihr der fleißige und tugendhafte Timon wieder entrissen werden soll, doch sie muss einsehen, dass gegen den *„Willen der Götter"* nichts auszurichten sei, und geht fort.
5	**Mercurius, Plutus, Timon** Timon wehrt sich gegen die Neuankömmlinge, seien sie auch Götter, und lehnt die Geschenke ab, die sie ihm ankündigen. Merkur schlägt Plutus vor, fortzugehen.
6	**Paupertas, Timon, Labor (stumm)** Paupertas versucht, Timon die Tragweite der vor ihm stehenden Entscheidung klarzumachen, und er scheint einverstanden, sich der Paupertas *„mit ewigwährender Fessel und für [ihn] unauflöslichem Schuldversprechen zu eigen"* zu geben.
V, 1	**Mercurius, Plutus, dann Timon, später Timon allein** Die Götter kommen überein, dem Befehl Jupiters unbedingt gehorchen zu müssen. Sie suchen deshalb Timon erneut auf und überzeugen ihn nun, wieder reich werden zu müssen. Dies bezeichnet er allerdings als *„großes Unglück"*. Die Götter gehen nacheinander ab, nicht ohne Timon noch einmal beruhigt und zum Graben aufgefordert zu haben. Alsbald ist der Schatz gefunden, was Timon nun durchaus zu begrüßen scheint.

(4)	**Plutos / Zeus / (Hermes stumm)** [12] [13] [14] [15] [16] [17] [18] [19] Anfängliche Weigerung Plutos' und Disput zum Verhalten reicher Menschen, den Zeus mit einem klaren Auftrag beendet.
(5)	**Hermes / Plutos** [20] [21] [22] [23] [24] [25] [26] [27] [28] [29] [30] [31] „Wandergespräch" Merkurs und Plutos über die „Gebrechen" (Blindheit und Lahmheit) des Plutos, bis sie Penia in der Nähe Timons gewahren.
(6)	**Penia / Hermes / (Plutos stumm)** [32] [33] Klage Penias darüber, dass sie Timon wieder verlieren soll, danach entfernt sie sich.
(7)	**Timon / Hermes / Plutos** [34] [35] [36] [37] [38] [39] [40] Timon beschimpft die Ankömmlinge, die er als Bedrohung seines durch Penia gewonnenen neuen Lebens sieht, beugt sich aber dann dem Willen Zeus'.

2	**Paupertas, Timon, Labor (stumm)** Paupertas kehrt zurück, um Timon Vorhaltungen zu machen, jetzt wird sie allerdings von ihm beschimpft und verjagt. Mit den Worten „Lass uns den Gottlosen fliehen und sein gewissenloses Haupt den Rachegöttinnen weihen" beendet sie ihr Wirken.
3	**Desidies, Otium, Timon** Die „allerliebsten Gottheiten" begrüßen Timon, die ihm mit den Worten „Vertreibe … alle Sterblichen von dir" gewissermaßen einen misanthropischen Auftrag erteilen, und so will Timon nun auch werden.
4	**Timon (Monolog)** Timon dankt für den neuen Reichtum, weiht das Werkzeug Pan und kündigt an, auf dem Acker, den er kaufen wolle, einen Turm für sich und seinen Schatz zu errichten. Ferner formuliert er die Ablehnung sämtlicher zwischenmenschlicher Beziehungen: „Einzig sich selbst soll Timon gut behandeln". - Es nähert sich nun Philotimon.
5	**Philotimon, Timon** Philotimon will die Freundschaft erneuern, wird allerdings von Timon vertrieben. - Es nähert sich Ephestius.
6	**Ephestius, Timon** Ephestius will ebenfalls die Freundschaft erneuern und wird genauso vertrieben. - Es nähern sich die Parasiten.
7	**Gastrophilus, Gnatonides, Gemoenus, Timon** Sie erinnern ihn an das gesungene Hyporchema; Timon will ihnen (mit der Schaufel) Elegien beibringen. - Nachdem sie vertrieben sind, will Timon seine misanthropischen Gesetze gewissenhaft befolgen: „Ein Misanthrop werde ich sein, zu Lebzeiten und nach dem Tod …".
(8)	**Plutos / (Timon stumm) [40]** Nach dem Abflug Hermes' erfolgt der Auftrag Plutos', im Boden zu graben.
(9)	**Timon (Monolog) [41] [42] [43] [44] [45]** Begeisterung beim Anblick des Schatzes, Opferung der Zeichen der Armut (Grabscheit, Ziegenfell) für Pan und Formulierung eines misanthropischen „Gesetzes".
(10)	**Timon / Gnathonides [46]** Der ehemalige Schmarotzer, der seinerseits dem verarmten Timon nicht geholfen hat, wird durch Schläge mit dem Grabscheit vertrieben.
(11)	**Timon / Philiades [47] [48]** Philiades lästert über den vertriebenen Gnathonides, kann Timon aber ebenso wenig mit seinen Schmeicheleien überzeugen.
(12)	**Timon / Demeas [49] [50] [51] [52] [53]** Auch der Redner hatte sich von Timon abgewandt; die schmeichlerischen, erfundenen Dekrete, die er vorträgt, überzeugen Timon nicht; und er wird in die Flucht geschlagen.

(13)	**Timon / Thrasykles** [54] [55] [56] [57] Der Philosoph, von Timon als Heuchler eingeschätzt, rät Timon, das Gold nah am Ufer, nur in seiner Anwesenheit, ins Meer zu werfen, und nennt weitere Alternativen, es wieder loszuwerden. Auch er wird durch Schläge vertrieben.		
(14)	**Timon / Blepsias** (sowie weiteres Volk aus Athen) [58] Von einer Felsspitze aus vertreibt Timon die Leute mit Steinwürfen.		
			Epilog Der Epilogsprecher formuliert den Wunsch, dass das Ziel des Werkes erreicht sein möge. *„Wozu ermahnt uns die Verschwendungssucht Timons? Was sollen die allzu großen Sorgen von einem, der von neuem reich gemacht wurde?"* Das Fragment lässt eine Antwort offen.

BEI GRIN MACHT SICH IHR
WISSEN BEZAHLT

- Wir veröffentlichen Ihre Hausarbeit,
  Bachelor- und Masterarbeit

- Ihr eigenes eBook und Buch -
  weltweit in allen wichtigen Shops

- Verdienen Sie an jedem Verkauf

Jetzt bei www.GRIN.com hochladen
und kostenlos publizieren